W0414544

Tilmann Schempp

TEE

Tilmann Schempp

Tee

Geschichte, Kultur, Genuss

THORBECKE

BIBLIOGRAFISCHE INFORMATION DER DEUTSCHEN NATIONALBIBLIOTHEK
DIE DEUTSCHE NATIONALBIBLIOTHEK VERZEICHNET DIESE PUBLIKATION IN DER DEUTSCHEN NATIONALBIBLIOGRAFIE; DETAILLIERTE BIBLIOGRAFISCHE DATEN SIND IM INTERNET ÜBER HTTP://DNB.D-NB.DE ABRUFBAR.

© 2006 BY JAN THORBECKE VERLAG DER SCHWABENVERLAG AG, OSTFILDERN
WWW.THORBECKE.DE · INFO@THORBECKE.DE

ALLE RECHTE VORBEHALTEN. OHNE SCHRIFTLICHE GENEHMIGUNG DES VERLAGES IST ES NICHT GESTATTET, DAS WERK UNTER VERWENDUNG MECHANISCHER, ELEKTRONISCHER UND ANDERER SYSTEME IN IRGENDEINER WEISE ZU VERARBEITEN UND ZU VERBREITEN. INSBESONDERE VORBEHALTEN SIND DIE RECHTE DER VERVIELFÄLTIGUNG – AUCH VON TEILEN DES WERKES – AUF PHOTOMECHANISCHEM ODER ÄHNLICHEM WEGE, DER TONTECHNISCHEN WIEDERGABE, DES VORTRAGS, DER FUNK- UND FERNSEHSENDUNG, DER SPEICHERUNG IN DATENVERARBEITUNGSANLAGEN, DER ÜBERSETZUNG UND DER LITERARISCHEN ODER ANDERWEITIGEN BEARBEITUNG.

GESTALTUNG: FINKEN & BUMILLER, STUTTGART
GESAMTHERSTELLUNG: JAN THORBECKE VERLAG, OSTFILDERN
PRINTED IN GERMANY
ISBN-10: 3-7995-3525-X
ISBN-13: 978-3-7995-3525-0

Inhalt

Wer Tee trinkt, geht auf Reisen

Wer Tee trinkt, geht auf Reisen … Wie ein gutes Buch hat auch eine gute Tasse Tee die Fähigkeit, aus dem Alltag zu entführen und reisen zu lassen. Ohne Fahrkarte, ohne Stress machen sich die Gedanken auf den Weg und folgen den Düften, die der Teetasse entströmen, zurück zu ihrem Ursprungsort.

Überall auf der Welt wird Tee getrunken, werden Kräuter, Blüten, Früchte, Samen und Gewürze mit Wasser übergossen. Tee prägt die kulturellen Eigenheiten von Kontinenten, Ländern und Regionen. Das Spektrum reicht von der meditativen Teezeremonie über den immer heißen Samowar bis zu Englands *Teatime.*

Dieses Buch möchte Sie mitnehmen auf eine Reise nach China und Indien zu den Geschichten und Legenden von der Entdeckung des Tees, an Bord von holländischen Segelschiffen mit kostbarer Teefracht für Europa oder in ein asiatisches Teehaus. Begleiten Sie die Teekarawanen von der Mongolei bis nach Moskau und St. Petersburg, schauen Sie einer Teepflückerin über die Schulter oder bewundern Sie die Schattennetze einer japanischen Teeplantage.

Wer Tee trinkt, geht auf Reisen – auch auf eine Zeitreise. Der Teetrinker oder die Teetrinkerin begegnet uralter asiatischer Weisheit, kann ägyptisches, griechisches und römisches Kräuterwissen erkunden. Ebenso kann man die mittelalterlichen Klostergärten besuchen und Hildegard von Bingens Kräuterteerezepten nachschmecken.

Die Reise führt auf alle Kontinente mit ihren ganz eigenen Gewächsen, aus denen sich die verschiedensten Tees zubereiten lassen, die entspannen und wohl tun.

Ein Bad erfrischt den Körper, eine Tasse Tee den Geist.

JAPANISCHES SPRICHWORT

Branche de thé en fleurs et en fruits d'après Kempfer.

NO

SA RÉCOLT

PA

MARCHAN

Orné d

et d'

Chez { N
A
F

China

⁙ Die Teepflanze in einem französischen Buch aus dem 18. Jahrhundert

Legenden und Geschichten von der Entdeckung des Tees

Chinesische Legenden legen die Entdeckung des Tees in die entfernte Vergangenheit: Ein Leben ohne Tee konnte man sich nicht vorstellen. Tatsächlich ist der Teestrauch bereits seit 5000 Jahren im asiatischen Raum bekannt. Bis die feinen Blätter jedoch nicht mehr nur im Medizinschrank verwahrt wurden, sondern den Menschen täglich erfreuten, verging viel Zeit.

Die Legende von der zufälligen Entdeckung des Tees durch Kaiser Chen Nung im Jahre 2737 vor Christus ist eine in unzähligen Varianten überlieferte Geschichte. Chen Nung gehört zu den drei Erhabenen, die als die Erfinder der Künste und des Handwerks gelten. Er wird in China heute als Schutzpatron des Ackerbaus und Schöpfer der Arbeitsgeräte verehrt, sowie als Begründer der Kräuterheilkunde. Kaiser Chen Nung – der als Schlange mit Menschenkopf, aber auch als Menschenkörper mit Stierschädel abgebildet wird –, ging gerne auf die Jagd oder mischte sich in Verkleidung unter sein Volk, um nach dem Rechten zu sehen. Bei einem dieser Ausflüge rastete er im Schatten eines Baumes. In einen auf dem Feuer stehenden Kessel mit kochendem Wasser wehte der Wind einige Blätter. Das heiße Wasser färbte sich gülden und duftete herrlich. Kaiser Chen Nung kostete und war nicht nur vom Geschmack dieses feinen Trunks verzaubert, sondern fühlte sich auch sogleich wunderbar erfrischt. Er war so begeistert von seiner Entdeckung, dass er seinen Untertanen ebenfalls zu trinken gab und sie lehrte, Tee zuzubereiten.

Diese Legende von Chen Nungs Entdeckung des Tees ist seit ewiger Zeit mit Chinas Kulturgeschichte verbunden – und dies, obwohl die mythologische Überlieferung verschiedene Ur-Kaiser und Kaiserdynastien kennt, von denen die Entwicklung der chinesischen Kultur ihren Ausgang genommen habe. Zwar ist die Datierung mit dem Jahr 2737 vor Christus eher als Kuriosität von Interesse – noch waren

J. 1

die Schriftzeichen nicht erfunden, und das große Reich wartete noch auf seine Gründung –, die Legende steht jedoch für den Beginn des chinesischen Teemythos.

Die erste schriftliche Erwähnung des Tees stammt aus dem Jahre 211 vor Christus. Und ausgerechnet die Teesteuer ist Gegenstand der ersten Aufzeichnung. Da keine Regierung eine Steuer ersinnt, wenn sie nicht hofft, dass sie sich zur sprudelnden Geldquelle entwickelt, kann man getrost annehmen, dass bereits zu Zeiten der Ch'in-Dynastie der Tee eine große Zahl von Anhängern hatte.

Ein weiteres schriftliches Zeugnis ist ein Sklavenvertrag in Gedichtform, der auf 59 vor Christus datiert wird. Inwieweit Lyrik hierfür die passende Form ist, sei dahingestellt, auf alle Fälle beschreibt der kaiserliche Hofdichter Wang Pao das Arbeitsgebiet des Sklaven, zu dessen Pflichten es gehörte, Tee zu kaufen, ihn zuzubereiten und zu servieren. Diese Schilderung zeigt, dass sich der Tee zumindest als Getränk des Adels durchzusetzen begann.

Für die Popularität des Tees beim gemeinen Volk spricht der Bericht eines arabischen Reisenden, der für das Jahr 879 unserer Zeitrechnung den Tee als Hauptquelle der Staatseinnahmen in der Provinz Kanton nennt.

Seltsamerweise ging an dem großen italienischen Entdecker Marco Polo (1254–1324) während seines Aufenthaltes in China das Thema Tee mit all seinen Facetten spurlos vorüber. Zumindest fand er weder den Geschmack noch das Ritual des Teetrinkens bemerkenswert, einzig die Teesteuer stach ihm so ins Auge, dass sie in seinem Reisebericht erwähnt wird. Marco Polo berichtet von der Absetzung eines Finanzministers wegen der eigenmächtigen Erhöhung der Teesteuer.

Doch das Teetrinken wurde nicht nur positiv aufgenommen. In der Abhandlung des Schriftstellers Chang Hua »Nahrung, die man meiden sollte«, ist ein ganzes Kapitel den schädlichen Folgen des Teekonsums gewidmet. Vor allem seine schlafraubende Wirkung wird angeprangert. Und von noch gravierenderen Folgen des Teetrinkens berichtet eine Anekdote aus dem 3. Jahrhundert nach Christus: König Sun Hao liebte es, mit Freunden Wein zu trinken. Bei diesen Trinkgelagen waren alle Teilnehmer gezwungen, die gleiche Menge Alkohol in sich hineinzuschütten. Ein Gast wollte dem übermäßigen Alkoholgenuss entgehen und erdachte sich eine List, um König Sun Hao zu täuschen. Er ließ sich Tee statt Wein in seine Flaschen füllen und entging so dem Wetttrinken. Doch der Schwindel flog auf, und der wackere Teetrinker wurde auf Geheiß des Königs geköpft.

Dem Deutschen Engelbert Kaempfer (1651–1716) aus Lemgo verdanken wir die Überlieferung eines weiteren Teemythos, der zugleich die erste Verbindung von Tee zu Religion herstellt. Seiner vom Dreißigjährigen Krieg zerstörten Heimat kehrte der Forschungsreisende und Arzt bald den Rücken und arbeitete zunächst als Sekretär einer Gesandtschaft des schwedischen Hofes, die im Auftrag von König Karl XI. Handelskontakte zu Russland und Persien knüpfen sollte. Nach Jahren im Orient und in Russland wurde Engelbert Kaempfer von der niederländischen Ostindienkompanie als Oberchirurg engagiert. Das war im Jahre 1685 und brachte ihn in den Genuss von ausgedehnten Schiffsreisen nach Indien, Ceylon und Java. Von 1690 bis 1692 hielt sich Engelbert Kaempfer in Japan auf und besuchte mit der niederländischen Gesandtschaft jährlich den die Geschicke des Landes lenkenden Shogun in Edo, dem heutigen Tokio. Seine Erlebnisse und Eindrücke erschienen 1712 unter dem Titel »*Thea Japonica historia*« und wurden in ganz Europa, besonders in Frankreich und England, mit großem Interesse aufgenommen. Ironischerweise dauerte es noch ein halbes Jahrhundert, bis eine deutsche Ausgabe erschien. Engelbert Kaempfer brachte nun die Geschichte von der Entdeckung des Tees in China nach Europa, die bemerkenswert ist, weil sie den Teegenuss in einen Zusammenhang mit Meditation und Religion stellt.

⁙ Um den beliebten Jasmintee zu aromatisieren, erwärmt man die noch geschlossenen Blüten mit dem Tee, bis sie sich öffnen und ihren Duft abgeben

Tſubaki

× Die erste Darstellung einer Teepflanze brachte der deutsche Arzt und Botaniker Engelbert Kaempfer nach Europa

Kaempfer knüpft die Entdeckung des Tees an die Reise des indischen Königssohns Bodhi-Darma, der nach China zog, um dort den Buddhismus zu verbreiten. Aus dem Königssohn war ein Mönch geworden. Wohl weniger Missionar als Asket, verbrachte er seine Nächte mit religiösen Übungen. Als er nach langer Meditation gegen seinen Willen vom Schlaf übermannt wurde, erfasste ihn ein solcher Zorn, dass er, um die Augen offen zu behalten, seine Lider abriss und wegwarf. Am andern Morgen wuchsen an der Stelle, wo die Augenlider den Boden berührt hatten, Teesträucher. Bodhi-Darma kostete die Blätter und erkannte ihre anregende und wach haltende Wirkung. Und abermals war der Tee entdeckt. Engelbert Kaempfer hat diese Szene auch illustriert, sie zeigt Bodhi-Darmas große Augenlider, was sicher die Wirkung der Geschichte noch verstärkt hat. Die Parallelität der Form des Augenlides und der elliptischen Blattform des Teestrauches setzte sich in der Sprache fort. Das hochchinesische Wort für Tee heißt *Cha* und bedeutet zugleich auch Augenlid. Auch im Japanischen ist das Wort Tee identisch mit Augenlid. Dass hinter Bodhi-Darma möglicherweise eine historische Figur steht, die den Buddhismus von Indien nach China brachte, ist von zusätzlichem Reiz.
Die Einführung des aus Indien stammenden Buddhismus in China, verknüpft mit der Entdeckung des Tees, ist eine Legende, die Religion, Meditation und Tee vereint. Bodhi-Darma entdeckte den Tee als notwendige Energiequelle der Meditation.

Die chinesischen Weisen und der Tee

Mehr oder weniger gleichzeitig mit den Klassikern der griechischen und römischen Antike traten im asiatischen Raum mit Lao-tse, Konfuzius, Buddha religiöse und philosophische Lehrer auf, die aus verschiedenen Gründen aufs Engste mit dem Tee in Verbindung gebracht werden. Sei es das Ritual der Teezubereitung oder die Geste, dem Fremden Tee anzubieten – der Umgang mit Tee ist im ursprünglichen Sinn immer Ausdruck einer Geisteshaltung. *Kong Qui* oder eingedeutscht Konfuzius ist der Begründer der nach ihm benannten Schule des Konfuzianismus. Konfuzius entstammte dem niederen Adel und war als reisender Gelehrter und Ratgeber in verschiedenen Staaten unterwegs. Er lebte vermutlich von 511 bis 479 vor Christus, und seine Philosophie befasst sich zu einem wichtigen Teil mit der Lehre von der Harmonie. Eine universelle Ordnung für die Organisation der Menschheit sah er in der Haltung und in den Begriffen Harmonie und Mitte sowie Gleichmut und Gleichgewicht gegeben. Diese Tugenden galten ihm als die höchsten menschlichen Ziele. Die Lehre von Konfuzius umfasst vier Grundbegriffe: Humanität, Gerechtigkeit, kindliche Pietät (womit Respekt gemeint ist) und Riten. Es handelt sich dabei um keine Gebote, sondern um notwendige Tugenden für die Organisation des menschlichen Miteinanders in einer hierarchisch geordneten Gesellschaft. Das Teetrinken diente Konfuzius als Beispiel für die Lebensführung und als Sinnbild. »Hoffnung ist wie Zucker im Tee: Auch wenn sie klein ist, versüßt sie alles.«
Die Legende machte Lao-tse zum Vater des Konfuzius, was reichlich Kreativität bei der Berechnung seiner Lebenszeit erforderlich macht. Schenkt man der Mehrzahl der Quellen Glauben, wurde er 160 oder bis zu 200 Jahre alt. Wahrscheinlich lebte der Philosoph im 6. vorchristlichen Jahrhundert. Vielleicht stammte er aus der heutigen Provinz Honan und bekleidete möglicherweise das Amt eines Archivars am kaiserlichen Hof in Loyang. Die Sage will es, dass Lao-tse (der Alte), als es um die öffentliche Ordnung in seiner Heimat nicht zum Besten stand, sich auf den Weg gen Westen machte. Als er den Grenzpass Han Gu passieren wollte, bat ihn ein Zöllner ihm etwas Schriftliches zurückzulassen. Lao-tse soll sich niedergelassen haben und die Verssammlung »*Tao te king*«, bestehend aus 5000 chinesischen Schriftzeichen, niedergeschrieben und dem Grenzbeamten übergeben haben. Der Taoismus versucht durch eine

mystische Verbindung mit dem Tao, die perfekte Harmonie zwischen dem Individuum und der Natur herzustellen. Das Tao kann dabei Gott, Vernunft, Wort oder Weg bedeuten. Die Taoistische Schule wandelte sich im Laufe der Jahrhunderte zu einer Volksreligion. Der Tee ist in dieser fernöstlichen Weltanschauung ein wichtiger Bestandteil. Er ist der Trank der Unsterblichkeit, und ein langes Leben ist ein wichtiges Ziel des Taoismus. Der Weg zum Tee ist der Weg, das Leben zu verlängern. Hieraus resultiert die Wertschätzung und Verehrung des Tees.

Auch im Buddhismus spielt der Tee eine wichtige Rolle. Ihr scheinbar zufälliges Zusammenspiel erzählt die Geschichte vom chinesischen Gelehrten Gan Lu, der sich nach Indien aufmachte, um den Buddhismus zu studieren. Von dort brachte er nicht nur den Glauben mit in seine Heimat, sondern auch ein Säckchen mit Teesamen. Und wieder war der Tee entdeckt.

Als Siddharta Gautama wurde Buddha wahrscheinlich im Jahre 563 vor Christus (vielleicht auch einhundert Jahre später) in Nordindien geboren, einig ist sich die Forschung nur darin, dass er im Alter von 80 Jahren, – im vorliegenden Fall also 483 vor Christus –, gestorben ist. Im Alter von 29 Jahren verließ er Frau und Kind und die gesicherte Existenz einer angesehenen Beamtenfamilie und nahm das Leben eines Wanderasketen auf. Er übte sich vor allem in der Meditation und setzte sich von anderen religiösen Lehren ab mit der Entscheidung für den »Mittleren Weg«.

Der Zen-Buddhismus, eine Variante der reinen Lehre, ist vor allem für China und Japan prägend. Stark beeinflusst vom Taoismus und der Lehre des Konfuzius wurde der »Meditationsbuddhismus« im 6. Jahrhundert unserer Zeitrechnung begründet. Im Zen geht es nicht um Schriftgelehrsamkeit, sondern um die unmittelbare Erfahrung, die dann möglich wird, wenn das Bewusstsein durch Meditation vollkommen leer geworden ist. Für uns, die wir im westlichen Kulturkreis verhaftet sind, ist diese freie und unbestimmte Form des Glaubens schwer nachzuvollziehen. Gleichzeitig bewundern wir das starke Zugehörigkeitsgefühl zu einer Geisteshaltung, die sich nur vage definieren lässt.

Der Zen- oder Chan-Buddhismus leitete die Verschmelzung der japanischen mit der chinesischen Kultur ein. Ursprünglich nutzen die Mönche den Tee, – der durchaus auch als habhafte Variante vorkam–, da ihnen bei ihren Zen-Übungen das Abendessen und das Schlafen verboten waren. Der Tee war also zunächst das Erfrischungsgetränk der Ordensbrüder während ihren Meditationen. Nach und nach bürgerte es sich auch im Volk ein, Tee zu trinken. Ausgehend vom Süden Chinas verbreitete sich das Teetrinken zusammen mit dem Zen-Buddhismus im ganzen Reich. Die Nachfrage nach Tee nahm unentwegt zu. Die abgelegenen Bergregionen, in denen sich die meisten Klöster befanden, boten ideale Voraussetzungen für den Teeanbau. Die berühmten Teeanbaugebiete wie Jianan waren reich an Klöstern. Zur Zeit der Tang-Dynastie, auf die wir noch zurückkommen werden, erblühte die Klosterwirtschaft. Die Mönche verfügten über das Wissen von Teeanbau und Verarbeitung und entwickelten die Teekultur weiter. Die erfrischende und beruhigende Wirkung von Tee gleicht dem Ziel der buddhistischen Meditation. So gesehen steht Tee dem Buddhismus sehr nahe.

Die großen Lehren des Ostens, Taoismus, Konfuzianismus und Buddhismus, bilden die Basis für Chinas Teeweg. In allen drei Vorstellungswelten wird dem Tee eine bedeutende Rolle zugewiesen. Lao-tse sieht im Tee das Getränk der Unsterblichkeit, bei Konfuzius dient er zu Herstellung der Harmonie zwischen den Menschen, und im Zen-Buddhismus hilft er, die eigene Mitte zu finden.

Chinas Teefibel

Während der Tang-Dynastie (618–907 n. Chr.) erlebte die Teekultur einen wahren Aufschwung. Am kaiserlichen Hof war er zum hochgeschätzten Getränk geworden, das sich Schluck für Schluck im

× Das Schriftstück in klassischem Chinesisch lobt den Xichun-Tee, einen im 18. Jahrhundert besonders geschätzten Grüntee, und gibt Anweisungen, wie man seine Teeblätter bei der Herstellung behandeln soll

熙春茶述

蓋聞山川精氣扶輿磅礴其大者則鍾之於人而爲瑰琦磊落之士其細者雖一卉一木亦往往分取其精以表異於凡材而見珍於天下若吾鄉熙春山之茶其最著者也凡茶之色入火而必變茲則幾經熏炙而郁郁菁菁如出於山則其色之足珍也凡茶之氣歷久而必散茲則幾經寒暑而如蘭如桂芳香襲人則其氣之足珍也凡茶之味一就烹而無餘茲則至再至三而淡而彌旨若風生乎兩腋則其味之足珍也是以嘉賓乍至則獻酬之先資也知交贈答則瓊瑤之厚報也吟詩作賦則文思之將伯也療病解醒則藥籠之參术也非與夫瑰琦磊落之士分取乎山川之精氣者乎或曰吾見子之製斯茶也亦既敝爾精勞爾神費爾貲備極其巧矣茲胡弗之及余曰余雖善製其能取他山之產而爲茲茶之色之氣之味乎凡茲之美是所謂天授非人力者余安敢貪天之工以爲己力也

雲林養心齋主人識

ganzen Reich durchzusetzen begann. Tee war Gegenstand der Poesie. So besang Lo-Tung, ein Dichter dieser Zeit, den Teegenuss: »Die erste Tasse netzt mir Lippen und Kehle. Die zweite verscheucht meine Einsamkeit, die dritte durchdringt mein unfruchtbares Inneres, um darin nichts weiter als einige fünftausend Bände wunderlicher Schriftzeichen zu finden. Die vierte Tasse erregt einen leichten Schweiß, – alles Schlechte des Lebens schwindet durch meine Poren dahin. Bei der fünften Tasse bin ich geläutert; die sechste ruft mich ins Reich des Unvergänglichen. Die siebente Tasse, – ah, aber ich kann nicht weiter trinken, ich fühle nur den kühlen Windhauch, der sich in meinen Ärmeln fängt. Der *Horaisan* (= chinesisches Elysium), wo liegt er? Lasst mich mit diesem lieblichen Windhauch segeln und dorthin schweben!« Dichter, Gelehrte und Mönche schufen eine poetische und spirituelle Grundlage, bei der der Tee eine zentrale Rolle einnahm. Chinas Teeweg wurde breiter.

Mitte des achten Jahrhunderts schuf der Dichter und Philosoph Lu Yu ein Werk, das sich ganz dem Tee zuwandte. Sein Buch »*Chajing*« (»Die heilige Schrift vom Tee«) erschien um 780 vor Christus und war inspiriert von der vorangegangenen Entwicklung der drei großen Lehren. Es war der Versuch, das Ganze im Kleinen widerzuspiegeln.

Lu Yu behandelt in zehn Kapiteln den Tee und seine Zubereitung. Der Tee ist ihm Symbol von Harmonie und Ordnung, die in allen Dingen herrschen. Das erste Kapitel behandelt die Natur der Teepflanze. Das zweite die Gerätschaften für die Ernte der Blätter und das dritte die Auslese der richtigen Blätter. Nach Lu Yu's Auffassung gehören in die Klasse der besten Teeblätter möglichst viele unterschiedliche Arten: »faltig wie der Lederstiefel tatarischer Reiter, gekräuselt wie die Wamme eines mächtigen Bullen, aufgefaltet wie Nebel, die einer Bergschlucht entsteigen, schimmernd wie ein von sanftem Wind berührter See und feucht und weich wie die Erde, die der Nebel soeben genetzt hat.«

Das vierte Kapitel beschreibt die vierundzwanzig Teegerätschaften vom dreifüßigen Kohlebecken bis zum Bambusschränkchen, in dem alles verwahrt werden kann. Auch ästhetische Überlegungen bezüglich der Farbe für die Teeschalen spielen eine Rolle. So empfindet Lu Yu blau als ideale Farbe, weil sie das Grün des Tees noch vertiefe, während weiß glasierte Teegefäße dem Getränk abträglich seien.

Das fünfte Kapitel widmet sich ganz der Teezubereitung. Alle Zutaten außer Salz (!) lehnte er ab. Lu Yu diskutierte bereits die bis heute ewig aktuelle Frage nach dem richtigen Wasser. Als ideal empfiehlt er das Wasser des Bergquells, also sehr weiches Wasser. Flusswasser und Wasser einer gewöhnlichen Quelle seien erst in zweiter Linie brauchbar. Auch der Grad des Kochens wird unterschieden. Als ersten Grad bezeichnet er, wenn kleine Bläschen wie Fischaugen an die Wasseroberfläche kommen, als zweiten, wenn die Bläschen kristallenen Tropfen in einem Springbrunnen gleichen, und als dritten, wenn die Wogen im Kessel wild wallen. Beim ersten Kochen wird Salz in das Wasser gegeben, beim zweiten der Tee und beim dritten eine Schöpfkelle kaltes Wasser, damit der Tee sich setzt und die »Jugend des Wassers wieder aufhebt«. Die folgenden Kapitel der »Heiligen Schrift vom Tee« befassen sich mit berühmten Teetrinkern, mit Variationen der Teezeremonie und mit Abbildungen von Teegerätschaften. Das zehnte Kapitel ist verloren gegangen.

Lu Yus »*Chajing*« hat Chinas Teekultur entscheidend beeinflusst. Der Autor war berühmt und geschätzt, stand in Verbindung zum Kaiserhof und hatte zahlreiche Schüler, die ihm nacheiferten. Noch immer ist er der Schutzheilige der Teehändler.

Zur Zeit der Song-Dynastie herrschte eine politische Verunsicherung, die durch Konflikte mit Nachbarvölkern entstanden war. Individualität und das Streben nach Perfektion wurden zu neuen Werten. Der Tee war das ideale Medium für diese Ideale: Die Begeisterung der Menschen für Tee kannte keine Grenzen. Es gab Zubereitungswettbewerbe, ja Turniere,

× Oolong-Tee hat eine leichte, duftige Note und schimmert honigfarben in der Schale

bei denen um immer vollkommenere Teemischungen gerungen wurde. Hui-tsung (1101–1124) war daher nicht nur Kaiser und Liebhaber seiner Kurtisanen, sondern auch Maler und Dichter. Mit seiner Abhandlung über den Tee *(Kuan ch'a lün)* wurde ein Grad von Perfektion angestrebt, der neue Standards setzte. Die Stufen von vollständiger Glückseligkeit und höchste Reinheit sollten mittels Tee erreicht werden. Die für die kaiserliche Teepflückung angestrebten Regeln sahen vor, dass jungfräuliche Mädchen behandschuht, mit goldenen Scheren nur die Knospe und das jüngste Blatt ernten sollten. Die Kunst der Teezubereitung wurde ständig gesteigert. Das Streben nach der einzig richtigen Art, wie der Tee zu behandeln sei, hatte stark religiöse Züge. »Das Tee-Ideal der Song-Zeit unterschied sich von dem der Tang-Zeit in dem gleichen Maße wie die Lebensauffassungen dieser Zeiten. Die Song-Zeit strebte danach, zu verwirklichen, was ihre Vorgängerin zu symbolisieren versuchte«, schreibt der japanische Tee-Spezialist Kakuzo Okakura. Mit dem Einfall der Mongolen im 13. Jahrhundert und ihrer Unterwerfung Chinas endete die erste Blütezeit des Tees.

Erst während der Ming-Dynastie gab es eine Wiederbelebung der Teekultur. Leider gelang es nicht, an die großen Tee-Epochen anzuknüpfen. Ziegel- und Pulvertee waren in Vergessenheit geraten, ebenso wie Traditionen und Zubereitungsriten. Tee wurde nicht mehr gekocht oder mit dem Bambusbesen gequirlt, nun übergoss man die Teeblätter mit heißem Wasser. Die Teekanne wurde zum wichtigsten Gegenstadt der Teezubereitung. So lernten auch die Europäer das Teetrinken. Die Ästhetik und die Zuwendung, die man dem Tee angedeihen lassen kann, waren für lange Zeit verloren. Die Ming-Zeit war von inneren Unruhen geprägt, und so kam China im 17. Jahrhundert wieder unter die Fremdherrschaft der Mandschu.

Im Laufe der Jahrhunderte wurde Tee zum Nahrungsmittel des Alltags. Man trank ihn zu Hause, bei der Arbeit und in den Teehäusern. Lange galten sie als Wohnzimmer der Chinesen. Hier las man, spielte oder unterhielt sich. Im Zuge der Kulturrevolution litt ihr Ruf. Der Besuch von Teehäusern galt als unproduktiv und dekadent. Die Teehäuser verschwanden nach und nach und mit ihnen die Kunst des Teetrinkens. Inzwischen erleben sie im modernen China eine Renaissance. Im musealen Stil wieder errichtet, sind sie Anziehungspunkte für Touristen oder dienen in coolem Design als Treffpunkte der chinesischen Elite.

⁙ Teepflanzungen in China

⁙ Bezirke des Teeanbaus in China

NÄCHSTE DOPPELSEITE
⁙ Jasmintee in chinesischem Porzellan gereicht

⁙ Mit Schiffen wurde der Tee zur Handelszentrale nach Kanton gebracht

DIE CHINESISCHE GASTFREUNDSCHAFT UND DER TEE

Der italienische Jesuitenpater Matteo Ricci (1552–1610) verbrachte einen großen Teil seines Lebens auf Missionsreise in China. Dabei versuchte er auf verschiedene Weise, Brücken zwischen beiden Kulturen zu schlagen: Dem Westen berichtete er von Konfuzius, dem Osten von Euklid. Seine Reiseberichte wurden nach seinem Tod in verschiedenen Sprachen herausgegeben, unter anderem als »Histoire de l'expedition chretienne au Royaume de la Chine«, Lyon 1616. Dort heißt es auf S. 24: »Ils cueillent ces fueilles au Printemps, les seichent à l'ombre, et les gardent pour leur decoction ordinaire, dont ils se servent presque tousiours au boire, non seulement à table, mais toutes les fois qu'un hoste entre pour visiter son amy. Car il est convivé avec ceste potion, et encore pour la deuxiesme et troisiesme fois en devisant, s'il retarde tant soit peu. On la boit, ou plutost on la hume tousiours chaude, et par son amertume temperee elle n'est pas desagreable à la bouche, et à la verité saine, et sert à plusieures choses … la livre se vend à un escu, et souvent deux et trois, si elle est estimee la meilleure. La plus excellente au Japon est vendüe dix, souvent douze escus d'or.«

Sie ernten die Blätter im Frühjahr, trocknen sie im Schatten und bewahren sie auf für ihren gewöhnlichen Aufguss, dessen sie sich fast ständig als Getränk bedienen, nicht nur bei Tisch, sondern auch jedes Mal, wenn ein Gast kommt, um einen Freund zu besuchen. Denn er wird mit diesem Getränk bewirtet und beim Plaudern auch noch ein zweites oder drittes Mal, wenn er auch nur ein wenig länger bleibt. Man trinkt es, oder vielmehr man inhaliert es, und durch seine gemäßigte Bitterkeit ist es nicht unangenehm im Mund und wirklich gesund, und es dient zu verschiedenen Dingen … Das Pfund verkauft man für einen Ecu, und oft auch für zwei oder drei, wenn er als besonders gut eingeschätzt wird. Der allerbeste aus Japan wird für zehn, oft zwölf Gold-Ecus verkauft.

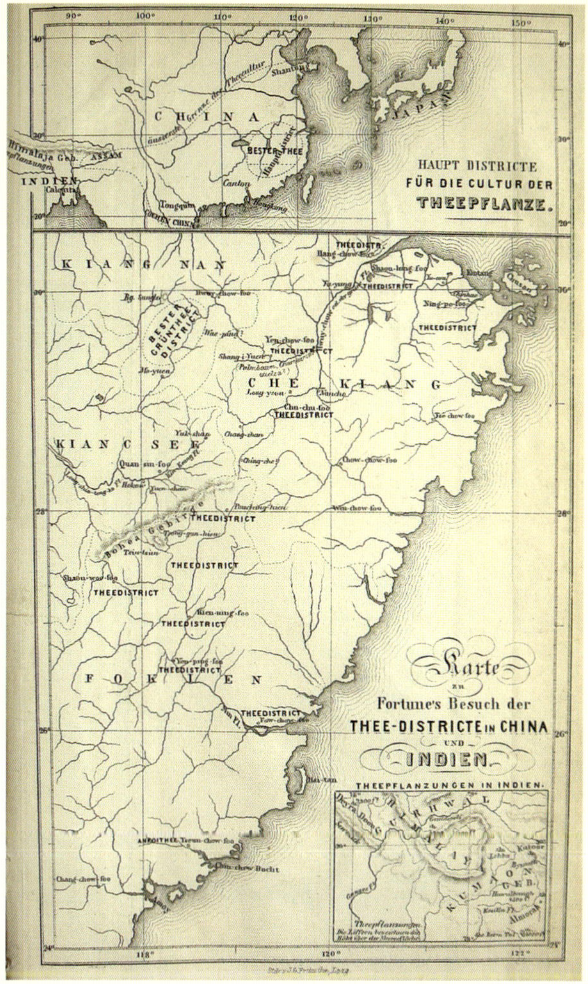

BOATS USED ON THE RIVERS IN CHINA.

VON ZIEGEL- UND PULVERTEE

DIE ERSTE UND ZWEITE SCHULE DES TEES

Nicht immer genoss man den Tee auf die Art, die wir heute kennen: Bevor Grüntee und Schwarztee aufkamen, wurden die Teeblätter in China auf andere Arten behandelt, die man die erste und die zweite Schule des Tees nennt. Ursprünglich wurden die Teeblätter gedämpft, im Mörser zerstoßen und zu einem rechteckigen Kuchen geformt. Zu Beginn der Tang-Dynastie schreckte man nicht davor zurück, Reis, Ingwer, Salz, gekochte Zwiebeln, Orangenschalen und Gewürze unterzumengen.

Dieser Ziegeltee war lange Zeit die übliche Art, Tee zu transportieren und aufzubewahren. Die zu Platten oder Briketts gepressten Teeblätter lassen sich heute noch in der Mongolei oder in Tibet finden. Bei Bedarf brach man ein Stück ab und kochte es mit Wasser auf. Es bedurfte Lu Yus »Heiliger Schrift vom Tee«, um diesem Spuk ein Ende zu machen. Nur Salz als Beigabe wurde vom Meister erlaubt.

Nicht nur das Schießpulver, auch der Pulvertee ist eine chinesische Erfindung. Während der Song-Dynastie kam Pulvertee in Mode und wurde zur gängigen Praxis der Teezubereitung. Teeblätter wurden in Steinmühlen zu Staub zermalen und anschließend mit einem Pinsel oder Besen aus gespaltenem Bambus in heißem Wasser aufgeschlagen. Diese Teezubereitung wird die zweite Schule des Tees genannt. Sie führte zur Änderung von Lu Yus Teeutensilien und wirkte sich auch auf die Auswahl der Teeblätter aus. Pulvertee ist fester Bestandteil der japanischen Teezeremonie. Japans Hang zu strenger Tradition und seine isolierte Lage haben dafür gesorgt, dass sich das Wissen um den in China erfundenen Pulvertee erhalten hat.

⁙ Der getrocknete Inhalt der Schälchen ergibt Tee in allen Geschmacksrichtungen

Japan

✕ Der japanische Künstler Utamaro portraitierte die Geisha Naniwaya Okita beim Servieren einer Schale Tee

Samen aus China

Japans Teekultur ist geprägt von einer großen Kontinuität. Im Land der aufgehenden Sonne verlief die Geschichte des Tees ohne nennenswerte kulturelle oder politische Einschnitte. Hier hielt man unbeeindruckt von allen Strömungen und Entwicklungen an erlangten Riten und Traditionen fest. Doch verfolgen wir die japanische Teegeschichte der Reihe nach. China brachte Japan auf den Geschmack. Während der Sui-Dynastie, gleichsam im Gepäck des Buddhismus, soll der Tee im Jahre 593 nach Christus erstmals nach Japan gekommen sein. Wie er aufgenommen wurde und weshalb er wieder verschwand, ist nicht bekannt. Quellen belegen, dass einhundert Mönche im Jahr 729 Gäste am japanischen Kaiserhof waren. Tenno Mikado hatte sie eingeladen und mit Tee bewirtet. Die Blätter stammten vermutlich von einem japanischen Gesandten, der sich am chinesischen Hof der Tang-Dynastie aufgehalten hatte.
Zu Beginn des 9. Jahrhunderts brachten die japanischen Mönche Saicho und Kukai unabhängig voneinander die ersten Samen mit ins Land. Beide hatten China aufgesucht, um den Zen-Buddhismus zu studieren, und hatten auf diesem Wege die dortige Teekultur kennen gelernt.
Da die ersten japanischen Teeanpflanzungen sehr klein waren und kein nennenswerter Import bekannt ist, beschränkte sich der Teekonsum wohl auf den Kaiserhof, den Adel und einige Mönche. Nach den ersten Kontakten verschwand der Tee für zweihundert Jahre fast ganz wieder aus Japan. Das Land der aufgehenden Sonne hatte nur an der Teeschale genippt. Wieder war es ein Mönch, Eisai Myoan mit Namen, der das Getränk von neuem in Japan heimisch machte. Nachdem er sich den Initiationsriten eines Mönches unterzogen hatte, reiste er um das Jahr 1168 nach China, um den Zen-Buddhismus zu studieren. Er besuchte die verschiedensten Provinzen und Klöster, war Schüler großer Meister. Er erlebte die Hochblüte der Teekultur zur Zeit der Song-Dynastie. Während

der 24 Jahre seines Aufenthalts lernte er die Sitten und Gebräuche von Zen und Tee genauestens kennen. Eisai Myoan brachte bei seiner Rückkehr nach Japan neue Teesamen mit und verteilte sie in den Präfekturen. Die berühmten Teegärten von Uji nahe Kyoto gehen auf seine Anpflanzungen zurück. Sein Wissen um die Teerituale verbunden mit dem Zen-Buddhismus verbreitete sich in unglaublicher Schnelligkeit. Stark beeinflusst vom Werk des Chinesen Lu Yu, von dem wir schon gehört haben, verfasste er selbst ein Buch über »Körperpflege durch Teetrinken«. Eisai gab den Anstoß für die japanische Teekunst und ist zugleich der Begründer der Zen-Gemeinschaft.

Während der Yuan- und der Ming-Dynastie bestand ein reger Austausch zwischen Japan und China. Japan hat die Kunst des Teeanbaus und der Teezubereitung, aber auch den Zen-Buddhismus als Basis der Teezeremonie von China übernommen und den Gegebenheiten des eigenen Landes angepasst.

Im 15. Jahrhundert, es war die Zeit der Schutzherrschaft des Shoguns Ashikaga Yoshimas, etablierte sich jene Teezeremonie, für die Japans Teekultur bis heute weltberühmt ist, eine einzigartige Verbindung von Gaumenfreude, geistiger Intensität und Ästhetik. Dieser Teekult ist Lebenskunst und Religion zugleich.

Die japanische Teezeremonie

⁙ Japan ist das klassische Land des Grüntees

Taoismus und Zen-Buddhismus gelten als die »Kunst des In-der-Welt-Seins«. Dieser Auffassung liegt der Gedanke zu Grunde, auch die einfachsten Dinge mit Ästhetik und Hingabe auszuüben.

Die Teezeremonie heißt auf Japanisch *Chanoyu* oder *Chado*, was in der Übersetzung »heißes Wasser für den Tee« beziehungsweise »Weg des Tees« bedeutet. Seit sechshundert Jahren ist ihr Ablauf nahezu unverändert. Die Teezeremonie soll auf den Zenmeister Muso Kokushi zurückgehen. Er erhielt aus China ein *Daisu*, ein Regal für den Aufbau der Teeutensilien, und begann die Prinzipien der Teezeremonie zu entwickeln. Der große Teemeister Rikyu legte im Jahre 1564 die Regel in ihrer heute noch gültigen Form fest und schrieb sie an die Wand der Wartehalle des ersten Teehauses in Higashiyama-ku:

Wenn die Gäste den Warteraum betreten, müssen sie sich durch Schlagen des Han (Holz-Gong) anmelden.

Das Wasserbecken dient zur Reinigung der Gesinnung, so wird dem Wesen der (Zen-) Lehre entsprochen.

Erst wenn der Teemeister kommt und die Gäste herein bittet, sollen sie eintreten.

Die Geräte für Tee und Speisen sollen nicht zu perfekt oder von protzigem Geschmack sein.

Die Menschen, die die Schönheit der Bäume und Felsen im Teegarten nicht würdigen können, sollen den Ort verlassen.

Wenn das siedende Wasser wie der Wind in den Föhren klingt und die Glocke ruft, treten die Gäste wieder in den Teeraum ein; Wasser und Feuer nicht wahrzunehmen und zu würdigen ist respektlos.

Gespräche über weltliche Themen haben im Teeraum nichts zu suchen. Teemeister und Gast sollen sich gegenseitig weder mit Worten noch mit Blicken ablenken.

Die Zusammenkunft soll nicht länger als zwei Stunden dauern. Die Zeit kann durch angeregte Gespräche über Religion und wahre Schönheit überschritten werden.

Diese sieben Regeln sind die Gebote der Teeversammlung, und wer wahre Beglückung erlangen will, möge sich daran halten.

Man muss nicht extra nach Japan reisen, um eine Teezeremonie mitzuerleben und festzustellen, dass sich der Ablauf einer Teezusammenkunft kaum verändert hat. Es ist das Streben nach der schlichten Schönheit des Einfachen. Teeläden, Museen und japanische Gesellschaften veranstalten traditionelle Teezeremonien. Das ist durchaus original und legitim, konnte doch die Teezeremonie von Beginn an auch an Orten stattfinden, ohne dass dafür eigens ein Haus errichtet werden musste. Auf die geistige Qualität des Arrangements kam es an und auf die Distanz zum Alltag.
Kakuzo Okakura, der große Vermittler japanischer Kultur, charakterisierte den Teeraum wie folgt: »Er ist Stätte der Fantasie als vorübergehende Herberge religiösen Gefühls. Stätte des Leerseins ist er, insofern er bar ist jeden Schmuckes, mit Ausnahme von wenigem, um das ästhetische Bedürfnis des Augenblicks zu befriedigen. Stätte mangelnder Symmetrie ist er, um bei der Verehrung des Unvollendeten im Spiel der Fantasie vervollkommnet zu werden.«
Doch nehmen wir an, uns hätte die Einladung zu einer klassischen Teezeremonie erreicht, was erwartet uns, was können wir falsch machen?
Einzeln betreten die Gäste das Tor zum Garten und erfreuen sich an Bäumen, Steinen und an einer Wasserstelle. Die Gartenlandschaft dient zur Einstimmung auf die Zeremonie, in einem separaten Empfangsraum kann bereits ein leichter Tee angeboten werden. Dann versammelt sich die Teegesellschaft allmählich im Eingangsbereich zum Teehaus. Jetzt erst erscheint der Teemeister und Gastgeber und begrüßt jeden Gast schweigend. Ein allgemeines Hallo oder Höflichkeitsfloskeln wären absolut deplaziert ebenso wie Gastgeschenke oder ein Blumenstrauß. Am Wasserbecken, dem *Tsu-ku-bai*, bei dem es sich meist um einen ausgehöhlten Stein handelt, reinigen sich die Gäste Mund und Hände. Jetzt betritt man das Teehaus. Die (Schiebe-)Tür ist niedrig, sodass man automatisch die korrekte Demutshaltung einnimmt. Die Einrichtung ist geprägt von schlichter Sachlichkeit. Symmetrie und Asymmetrie sind auf eigentümliche Art und Weise kombiniert. Das Licht ist gedämpft. Es wäre ein Fauxpas, wenn man gleich nach einer Bodenmatte mit bequemem Kissen Ausschau halten würde. Zunächst bewundert man, wiederum ohne darüber ein Wort zu verlieren, das Kunstwerk in der Tokonoma-Nische. Es kann ein Blumenarrangement, ein Zweig oder eine Kalligraphie sein, die sich auf den Anlass des Tages, zum Beispiel Vollmond, oder auf die Jahreszeit bezieht. Dann erst lässt man sich auf den Tatami-Matten mit einem Zabuton-Kissen nieder. Jetzt ist die Zeit für einen Imbiss. Jeder Gast wird mit einem eigenen Tablett oder Lacktischchen bedient. Es sind verführerische Leckereien *(Kaiseki)*. Man isst mit Stäbchen aus noch frischem grünem Holz Portionen wie in der Puppenküche und lässt wenn möglich etwas übrig, so köstlich es auch sei. Die Nahrung soll mit den Augen, mit der Zunge und mit dem Herzen genossen werden. Derweil rutscht der Gastgeber auf den Knien zwischen seinen Gästen hin und her und sorgt für allgemeine Bequemlichkeit. Zu diesem Zeitpunkt herrscht eine lockere Atmosphäre. Man plaudert (wenn man japanisch spricht) über das Essen und die hübschen Tellerchen und Schüsselchen, andere Themen haben nichts zu suchen. Nach dem Essen begibt man sich abermals in den Garten, damit der Gastgeber in aller Ruhe die Vorbereitungen für die Teezeremonie treffen kann. Der Gong fordert zur Rückkehr in den Teeraum auf, abermals werden Hände und Mund gewaschen. Wenn man wieder in den Teeraum eintritt, stehen die Teegeräte in der vorgeschriebenen Ordnung bereit, es wurde gelüftet und saubergemacht. Oft erst beim zweiten Betreten des Teehauses bemerkt man die in den Boden eingelassene Feuerstelle, auf der jetzt ein Teekessel simmert. Durch den Duft des Feuerholzes und anderer Aromen entsteht eine wunderschöne Atmosphäre. Wenn der Teemeister, der heutzutage natürlich auch eine Frau sein kann, mit schönen, harmonischen Bewegungen mit dem Ritual fortfährt, ist es eine Freude, sich durch das Zuschauen in eine andere Sphäre mitnehmen zu lassen. Jetzt herrscht wieder Redeverbot. Teedose und Schöpfkelle

⌘ Pulvertee wird mit einem kleinen Besen im heißen Wasser aufgeschlagen

werden geputzt, obwohl sie schon blitzblank sind. Mit heißem Wasser aus dem Teekessel wird die Schale vorgewärmt. Die Gäste erhalten ein kleines Stückchen Reiskuchen, das sie mit Stäbchen essen dürfen. Das Wasser zum Anwärmen der Teeschale wird ausgeleert, etwas grünes Teepulver, es ist traditionell ein Matcha, kommt in die Trinkschale und wird mit heißem Wasser übergossen. Mit einem kleinen Bambusbesen wird der hellgrüne Tee schaumig geschlagen. Seine Konsistenz erinnert an eine leicht gebundene Suppe. Nun reicht der Gastgeber dem ersten Gast die Schale, der trinkt einen winzigen Schluck, wischt mit dem Teetuch den Rand an der Stelle ab, die seine Lippen berührt haben, und gibt den Tee mit einem leichten Kopfnicken weiter. Der Teemeister trinkt nicht mit, denn er ist der Gastgeber, der sich nur um seine Gäste kümmert. Wenn alle Gäste getrunken haben, schließt sich oft eine zweite Runde an, wobei nun der Tee leichter zubereitet wird. Jetzt bewundert man die Teegeräte und schaut ins Feuer. Wenn der Gastgeber sich erhebt und die Tür zum Garten öffnet, ist die Teezeremonie zu Ende. Für Gastgeber und Gast spiegelt das Erlebnis, das bis zu vier Stunden dauern kann, den Mikrokosmos des Lebens wieder. Im modernen Japan werden die Gelegenheiten für Teezeremonien rar. Doch immer noch werden viele Knaben und seit dem 20. Jahrhundert auch Mädchen von Teemeistern in die Kunst des Zeremoniells eingeführt.

»Sagt mir, was alles bei einer Teezusammenkunft beachtet werden muss?« fragte ein Schüler den großen Teemeister Rikyu: »Bereite eine köstliche Schale Tee; lege die Holzkohle so, dass sie das Wasser erhitzt, arrangiere die Blumen, wie sie auf dem Feld wachsen; sorge im Sommer für Kühle und im Winter für Wärme; komme mit allem der Zeit zuvor; mache dich auf Regen gefasst und widme jenem, mit dem du dich zusammenfindest, dein ganzes Herz.«

:: Der Duft der Teeblume wird in Japan sehr geschätzt

KAKUZO OKAKURA UND DAS »BUCH VOM TEE«

Um Kakuzo Okakura kommt niemand herum, der sich mit der japanischen Tee-Tradition beschäftigt. Er wurde als Sohn einer wohlhabenden Samurai-Familie im Jahre 1862 in Yokohama geboren. Grundlage seiner umfassenden Bildung war das Studium der chinesischen Sprache und Kultur. Zudem studierte er Englisch an der kaiserlichen Universität Tokio.

Im Jahr 1886 wurde in Japan eine Kommission zum Studium der europäischen Kunst gebildet und nach Europa gesandt. Ihr gehörte Kakuzo Okakura an. Nach seiner Rückkehr war er für einige Jahre Gründungsdirektor der Kunstakademie in Tokio und erstellte im Auftrag der Regierung ein Verzeichnis wertvoller japanischer Kunstschätze, die der Zerstörung anheim zu fallen drohten. Jahrelange Aufenthalte in Europa, China und Indien machten ihn zu einem profunden und anerkannten Kunstkenner.

Ein längerer Aufenthalt in Amerika führte Kakuzo Okakura zu der Frage, was die japanische von der scheinbar überlegenen westlichen Kultur unterscheidet. In der Teezeremonie sah er den Kern der japanischen Identität.

Sein längst zum Klassiker gewordenes Werk »Das Buch vom Tee« deutet die Teezeremonie als Religion der Lebenskunst. Er vermittelte der westlichen Welt einen ersten umfassenden Einblick in die Schönheit fernöstlicher Ideale. Die japanische Gesellschaft verdankt dem Autor eine Ruckbesinnung auf die eigenen kulturellen Traditionen.

Kakuzo Okakura starb im Jahre 1913.

Der Deutsche Georg Meister reiste zunächst mit den Schiffen der niederländischen Ostindien Kompanie nach Japan, dann noch einmal als Gärtner eines vornehmen Herrn, den er auf seiner Reise begleitete. Wie der ellenlange Untertitel seines Buches »Der Orientalisch-Indianische Kunst- und Lustgärtner« (Dresden 1692) ankündigt, bietet er seinen Lesern nicht nur »Eine aufrichtige Beschreibung derer meisten Indianischen / als auf Java Major, Malacca und Jappon, wachsenden Gewürtz- Frucht- und Blumen-Bäum wie auch anderer raren Blumen / Kräuter- und Stauden-Gewächs «, sondern auch »Noch andere denckwürdige Anmerckungen / was bey des Autoris zweymahliger Reise nach Jappan, von Java Major, oder Batavia, längs derer Cüsten Sina, Siam, und rückwerts über Malacca, daselbsten gesehen und fleißig observiret worden«, unter anderem über den Tee:

Von Herba Thee, oder auf jappansch Tzshë noky. Dieses ist ein Punsch-Gewächse / drey bis vier Schuch hoch / welches in Jappan zwischen ihren Korn- und Reiß-Feldern / gleich wie in Europa auff denen Reinen die Schleen oder Hahnputten / wachsen. Seine Blätter sind wie Kirsch Blätter rundumb gekerbet / ihre Blüthen welche im Julio heraus kommen / sind gleichfalls wie unser Kirsch- oder weisse Apffel-Blüthen / wenn die Jappaner die Blätter zum Thee pflücken wollen / so bedecken sie vorhero diejenigen Sträucher mit Leinwand / damit die Sonne ihnen ihre Kräffte nicht ausziehe alsdenn sammlen sie die öbersten jünsten / die alten halten sie für unkräfftig darzu / und wenn sie nach ihrem Bedüncken genung Blätter gepflücket / setzen sie einen großen Kessel mit Wasser übers Feuer / lassen es wohl in denselben auffsieden / alsdenn giessen sie das Wasser hinweg / und schütten die gepflückten Thee-Blätter hinein / und decken hernach den Kessel wohl zu / damit kein Proben heraus kann.

Wenn nun der Proben die Thee-Blätter wohl durchfeuchtet / alsdenn streuen sie solche auf langes Bast-Pappier / legen sie auf Horden / worunter glühende Kohlen gleich fast unseren Maltz-Tharren sind / von welcher Hitze sie also sich krümmen und zusammen lauffen. Die Thee-Blätter pflücken sie des Jahres 2. mahl / als von Anfang des May, und das ander mahl zu Ende dieses Monden / sie sammlen auch die Blüthen davon / welche sie Blatt von Blatt mit ihren Händen abepflücken / und hernachmahls iedes zusammenwickeln / welche sie Ojandon nassame Tzschë oder Keysers-Thëe nennen. / dieser wird nicht verführet / sondern es trincket ihn der Keyser und seine Unter-Könige/ samt ihren hohen Familien/ und kommt ein Kättis oder schweres Pfund in Jappan selbsten 100. Thaler zu stehen/ die andern grünen Thëe-Blätter mahlen sie auf einer kleinen hölzern Mühlen zu Pulver und schütten dieses Pulver ins warme Wasser / welches sie beydes zugleich hinnein trinken/ (...) Die Thee-Blätter wie itzt gedacht gemahlen / mit warmem Wasser / sauffen die Jappaner Nacht und Tag/ und soll nach ihrer Meynung vor vielerley gut seyn / desgleichen thun auch die Chineser, welches Thee weit edler und besser in China wächset / wiewohl die auf Java Major oder zu Batavia wohnenden / es auch nicht ermangeln lasse / sondern haben aldar unterschiedene Tëe-Häuser / wo es Jahr aus und ein in grosser Quantität täglich als nächtlich getruncken wird / von allerhand Nationen. Man kann sie auch mit Milche kochen / desgleichen auch die gelben Eyerdotter / mit Saffran und Zuckerkandys.

⁙ Die Kamelie ist eine enge Verwandte des Teestrauchs und schmückt oft die Teezeremonie

KAISEKI – SPEISEN ZUR TEEZEREMONIE

Kaiseki gilt als die höchste japanische Esskultur. Wörtlich übersetzt bedeutet Kaiseki »heißer Stein in der Brusttasche«. Zen-Mönche steckten bei der Wintermeditation einen warmen Stein in die Brusttasche zum Schutz gegen Kälte. Kaiseki soll nicht wirklich sättigen, sondern vor Hungergefühlen schützen, damit man sich ganz der Teezeremonie widmen kann. Die angebotenen Speisen sind vom Zen-Buddhismus beeinflusst. Im Mittelpunkt der Zubereitung steht die Konzentration auf das Wesentliche. Das Prinzip der Schlichtheit und ästhetische Strenge herrschen in der Küche. Der Anblick der Gerichte ist ein Augenschmaus. In verschiedenen Schälchen und auf Tellerchen finden sich unterschiedliche Leckereien aufs Schönste präsentiert. Die mundgerechten Häppchen können warm oder kalt sein, mit Fisch oder Fleisch gereicht werden und natürlich auch vegetarisch daherkommen.

Beispiel für ein einfaches Kaiseki-Rezept

150 G FRISCHER THUNFISCH
1 TEELÖFFEL MEERRETTICH (WASABIPULVER)
SUSHI-REIS, EINGELEGTER INGWER, SOJASOSSE

Wasabipulver mit Wasser zu einer cremigen Paste anrühren, dünn auf eine Seite des Fisches streichen und mit gekochtem Reis belegen. Thunfischtorte in mundgerechte Stücke zerteilen und mit eingelegtem Ingwer und Sojasoße servieren.

∷ Zu leicht herben japanischen Grüntees passen oft besser salzige als süße Knabbereien

Assam, Darjeeling, Ceylon … eine kleine Teekunde

⁙ Ähnlich der Teesorten ist die Vielfalt der Teeschalen immens

Die Tee-Pflanze

Botanisch heißt der Teestrauch *Camellia thea* und gehört zur Familie der Kameliengewächse. Man unterscheidet zwei Arten: *Camellia thea sinensis* (Chinastrauch) und *Camellia thea assamica* (Assamstrauch). Durch die Kreuzung der Ursprungsformen von Assam- und Chinastrauch entstanden zahlreiche Hybride, die ertragreich und widerstandsfähig sind und daher heute bevorzugt in vielen Plantagen angebaut werden.
China- und Assamstrauch lassen sich an ihren Blättern und an ihrem Wuchs unterscheiden: Die Blätter des Chinastrauches sind lanzettartig am Rand gezahnt und klein, die Form ist elliptisch oder eiförmig. Im Gegensatz zur Assampflanze bleibt er strauchartig und erreicht eine Höhe von drei bis vier Metern. Der Assamstrauch hat größere, feste, ovale Blätter, die sich zur Spitze hin verjüngen; er kann zu einem zwanzig Meter hohen Baum heranwachsen.
Beide Arten haben natürlich auch Gemeinsamkeiten: Die Blätter beider Arten haben eine charakteristische, lederartige Oberfläche, und beide haben bis zu fünf Meter lange Pfahlwurzeln. Der Teestrauch hat bis zu drei Samen in grün-gelblichen Kapselfrüchten, die sich an Blattabzweigungen und an der Spitze befinden. Die ursprüngliche Vermehrung der Pflanze über Blüte und Samen wird heute kaum mehr praktiziert. Methode der Wahl ist jetzt die Aufzucht junger Teepflanzen durch Stecklinge, die in einem Saatbeet herangezogen und nach ein bis zwei Jahren in die Teegärten gepflanzt werden.
Um regelmäßig ernten zu können, muss der Teestrauch zurückgeschnitten werden. Um die Arbeit der Pflückerinnen zu erleichtern, werden die Pflanzen mittels eines so genannten Nivellierschnitts (*Cutacross*) auf ein einheitliches Niveau von etwa einem Meter Höhe gestutzt. Dadurch entsteht ein »Pflücktisch«, der von den Plantagenarbeiterinnen leichter abgeerntet bzw. »abgeräumt« werden kann. Zudem bleibt der Teestrauch so in einer vegetativen

Phase und treibt ständig neue Blätter und Triebe. Wenn nach etwa fünf Jahren das Wachstum der Pflanze nachlässt, wird sie durch den Pflegeschnitt, das so genannte *Pruning*, auf vierzig bis sechzig Zentimeter zurückgeschnitten und dadurch verjüngt.

Ein Gewächs der tropischen Berge

Tee ist ein anspruchsvolles Gewächs. Die immergrüne Pflanze benötigt einen nährstoffreichen, sauren und alkalischen Boden und etwa 100 Liter Wasser pro Quadratmeter und Jahr. Dazu sollten idealerweise vier bis acht Sonnenstunden pro Tag kommen. Das bedeutet geographisch ausgedrückt: Tee gedeiht am besten in tropischen und subtropischen Gebieten zwischen dem 43. Grad nördlicher und dem 30. Grad südlicher Breite.

Ursprünglich wurde Tee in China und Japan in Hanglagen zwischen 600 und 1200 Metern angebaut. Erst als die Europäer in ihren Kolonien begannen, Plantagen anzulegen, wurden auch tiefere Lagen kultiviert. Die Plantagen in extremen Hochlagen gehen ebenfalls teilweise auf die Initiative der Kolonialmächte zurück.

Die Höhe des Anbaugebiets ist für den Geschmack und das Aroma entscheidend. Je höher die Pflanzungen liegen, desto besser ist der Tee. Die Kühle und die Feuchtigkeit der oft wolkenverhangenen, höheren Anbauflächen bewirken im Zusammenspiel mit der tropischen Tageshitze ein langsameres Wachstum, was wiederum ein feiner ausgebildetes Aroma entstehen lässt. Die unzugänglicheren Höhenlagen lassen den Einsatz von Maschinen nur bedingt zu, sodass durch Handarbeit qualitativ bessere Ernteergebnisse erzielt werden.

Niedere Lagen zeichnen sich durch ein starkes Wachstum und große Blattmengen aus, was problemlos vier bis fünf Ernten pro Jahr ermöglicht. Hier entsteht solider Tee für den Alltag.

Zwischen 30 und 35 Länder produzieren heute Tee, teils für den Export, aber auch um die eigene Nachfrage befriedigen zu können. Zu nennen sind etwa Vietnam, Argentinien, Sri Lanka oder die Türkei. Als die weltweit bedeutendsten Teeproduzenten gelten freilich Indien, China und Kenia, wobei der indische Subkontinent mit über einer Million Tonnen Tee pro Jahr an der Spitze steht.

× Die Sträucher der Teepflanze schlagen nach jedem Schnitt wieder kräftig aus

BERUF: TEEPFLÜCKERIN

Das Pflücken ist der mühsamste Teil der Teeproduktion. Beim Teepflücken wird über die Qualität des Tees entschieden. Frauen verrichten diese Arbeit auf allen Plantagen. In aller Frühe versammeln sie sich, um in genau festgelegten Pflückrunden mit der Ernte zu beginnen. Auf dem Rücken haben sie einen Tragekorb, in den sie die Schösslinge über ihre Schulter werfen. Dreißig- bis fünfzigtausend Mal pro Tag wiederholt sich dieser Vorgang. *»Two leaves and a bud«* heißt der Auftrag in der Teesprache. Nur die zwei oberen Blätter und die noch eingerollte Triebspitze werden für hochwertige Qualität verwendet. Wenn der Korb voll ist, muss er zur Sammelstelle gebracht und gewogen werden. Die Tagesleistung einer Teepflückerin liegt zwischen 25 und 30 Kilogramm frischer Blätter, die eine verarbeitete Teemenge von etwa 6 Kilo ergeben. Bezahlt werden die Frauen nach Qualität und Menge. Ihr Tagesverdienst beträgt etwa einen Euro. Das extreme Klima – in den Morgenstunden durchnässt die Kleidung, und am Nachmittag sticht die Sonne – machen diese Arbeit so hart. Schlangenbisse und Insektenstiche ebenso wie die Belastung durch chemische Spritzmittel stellen außergewöhnlich hohe Risiken dar.

In Indien wurde 1951 ein Gesetz erlassen, dass die Arbeitsbedingungen der Pflückerinnen regelt, doch nur in den wenigsten Plantagen werden die Standards erfüllt.

Verschiedene Firmen bieten handgepflückte Tees an, die fair gehandelt werden und so die Arbeitsbedingungen der Pflückerinnen verbessern helfen. Von dem Aufpreis, den die Firmen den Plantagen zahlen, werden zum Beispiel Unterkünfte für die Familien der Pflückerinnen oder eine Schule für ihre Kinder finanziert. Viele dieser Plantagen produzieren außerdem Bio-Tee, was die Pflückerinnen vor Vergiftungen schützt und der Qualität des Tees zugute kommt.

Der indische Kontinent

Assam Indiens größtes zusammenhängendes Teeanbaugebiet liegt im indischen Bundesstaat Assam, der an Nepal, China, Bhutan, Myanmar (Birma) und Bangladesch grenzt. Von Nordosten wird das Gebiet vom Fluss Brahmaputra durchquert, der in den Golf von Bengalen mündet.

1823 waren bereits wilde Teebäume vom britischen Major Robert Bruce in der Provinz Assam entdeckt worden, doch noch ließen sie sich nicht zweifelsfrei botanisch bestimmen. So begann der Teeanbau zunächst mit eingeschmuggelten Chinateepflanzen, ehe der Assamstrauch als Teepflanze erkannt wurde. Ab 1839 begann die britische *Assam Tea Company*, Teegärten in großem Stil anzulegen. Der Assamtee ist kräftig und aromatisch und wird häufig als Basis für Teemischungen verwendet. Er dient meist als Grundlage für die berühmte Ostfriesische Mischung.

Darjeeling Die Region Darjeeling ist eine Provinz des indischen Bundesstaates West-Bengalen. Sie liegt im Nordosten Indiens, im unteren Himalaya, zwischen Nepal im Westen und Bhutan im Osten. Die gleichnamige Hauptstadt liegt auf einem Bergkamm in einer Höhe zwischen 1800 und 2400 Metern über dem Meeresspiegel. Wiederum waren es die Briten, die Mitte des 19. Jahrhunderts riesige subtropische Urwaldgebiete roden ließen, um Teegärten anzulegen. Inzwischen sind die Umweltfolgen der Monokultur sichtbar. Erdrutsche sind zu einem ernsthaften Problem geworden. Umweltorganisationen versuchen mühsam, durch Neuanplanzungen von verschiedenen Bäumen weiteres Unheil aufzuhalten.

Gerade der Darjeeling verdankt sein Aroma und seinen Duft der Höhenlage und dem Klima. Je nach Erntezeitpunkt fällt sein Geschmack sehr verschieden aus. Berühmt ist der Darjeeling bei uns jedoch für einen feinen Geschmack, dem auch die nicht so kräftige Farbe in der Tasse entspricht.

Darjeeling gehört zu den besten Teesorten der Welt. Er ist der Stolz der indischen Teeindustrie. Der ganz überwiegende Teil der Ernte geht in den Export. Aber Vorsicht! Längst nicht alle Teepackungen, die das Etikett Darjeeling führen, enthalten tatsächlich diese Kostbarkeit. Die indische Darjeeling-Pflanzer-Vereinigung weist seit Jahren darauf hin, dass 13 000 Tonnen Darjeeling im Jahr geerntet, aber 40 000 Tonnen weltweit als Darjeeling verkauft werden. Billigtees werden beigemischt, es wird gestreckt und gepantscht. Allerdings beginnt man allmählich zu reagieren, nicht zuletzt aus Angst vor einem Imageschaden.

Ceylon In den Teegärten der grünen Insel Sri Lanka lassen sich heute noch immer die aus dem Assamstrauch gewachsenen Teebäume entdecken. Sie dienen zur Markierung der Parzellen und als Schattenspender. Der Tee aus Sri Lanka heißt heute immer noch Ceylon-Tee, obwohl die Insel den Namen Ceylon 1972 mit ihrer Unabhängigkeit von England ablegte.

Mit dem Frieden von Amiens (1802) zwischen Napoleon und England endete die niederländische Herrschaft über Ceylon – die Niederlande waren damals von französischen Truppen besetzt – und Ceylon wurde zur britischen Kolonie. Die neuen Machthaber rodeten große Waldgebiete und legten Kaffeeplantagen an. Doch bereits Mitte des 19. Jahrhunderts vernichteten Schädlinge wie der Kaffeerostpilz den größten Teil der Kaffeebäume.

⁝ Von der Arbeit der Teepflückerinnen hängt die Qualität des Tees ab

Tab. 426.

Der Schotte James Taylor erkannte als Erster die günstigen klimatischen Voraussetzungen der Insel für den Teeanbau. Mit Teestecklingen aus Kalkutta machte er 1860 den Anfang. Bald kamen Nachahmer, und so wurde die ursprüngliche Kaffeeinsel zur Teeoase.
Die Hauptanbaugebiete verteilen sich über die Insel. Die Uva Highlands mit Teegärten über 2000 Metern im Osten , Dickoya und Dimbula im Südwesten und dazwischen die Berge Nuwara Eliya. Über die Anbauhöhe geben die freiwilligen Qualitätsbezeichnungen *low grown* von 0 bis 650 Metern, *midgrown* von 650 bis 1300 Metern und *highgrown* ab 1300 Metern über dem Meeresspiegel Auskunft.
Der Geschmack des Ceylon-Tees zeichnet sich durch eine elegante Milde aus. Sein Aroma ist frisch und leicht. Neunzig Prozent seiner Produktion werden als Broken-Tee verkauft.

WAS SIE SCHON IMMER ÜBER TEE WISSEN WOLLTEN

Darjeeling-Tee wird nach seinen vier Erntezeiten in vier *flushs* unterschieden. Mit *flush* wird dabei das Wachstum zwischen den Ruheperioden bezeichnet.
First flush: ist die erste Ernte, die nach der Winterpause in den Monaten Februar, März, April gepflückt wird. Teekenner warten bereits auf den neuen Jahrgang, der zum Teil per Flugzeug in die Verbraucherländer kommt. Er ist ausgesprochen zart, weich und leicht bitter im Geschmack. Seine Farbe nach dem Aufguss schimmert hellgrün.
Second flush: ist die Sommerpflückung, die bis zum Beginn des Monsuns Anfang August dauert. Versehen mit einem wundervollen Duft ist dieser Tee aromatischer und nuancenreicher und hat eine schöne, kräftige Färbung.
Rain flush: wird der Tee der Monsunzeit genannt, der klimatisch bedingt sehr schnell wächst und daher kein so volles Aroma entwickeln kann. Er wird überwiegend in Indien getrunken oder als Grundlage für Teemischungen verwendet.
Autumn flush: ist die Herbstpflückung, die bis zur Wachstumspause Mitte Dezember dauert. Die Blattfarbe reicht von grün über braun bis zu schwarz. Sein Aroma ist leicht und fein.
Auch auf Tee der Assam-Provinz werden die Flush-Unterscheidungen angewandt.

⌘ Tee gehörte bald zu den wichtigsten Kolonialwaren

Indonesien

Aus Japan und China kamen die ersten Teepflanzen, die 1826 auf der Insel Java, der Hauptinsel des heutigen Staates Indonesien, angepflanzt wurden. Niederländisch-Indien, wie das Reich der tausend Inseln damals genannt wurde, entwickelte sich schnell zu einem bedeutenden Tee-Exporteur, denn das Klima ist günstig und erlaubt eine ganzjährige Ernte. Die Kolonialregierung kontrollierte durch die niederländische Ostindienkompanie (V.O.C.) bis 1873 den Anbau und Handel mit Tee, ehe Investoren und Kaufleute das Geschäft übernahmen.
Der beste Tee wächst auf Java im Preagam-Gebirge nahe der ehemaligen Hauptstadt Bandung. Hier wird während der Trockenzeit in den Monaten August und September in 600 bis 1400 Metern Höhe ein Spitzentee erzeugt.
Erst im 20. Jahrhundert wurde auch auf Sumatra mit dem Teeanbau in großem Stil begonnen. Im Bergland von Brastagi im Norden der Insel und im Süden in der Region Bah Butong liegen die Teeanbauzentren. Im Zweiten Weltkrieg kam der Teeanbau auf beiden Inseln fast gänzlich zum Erliegen. Beim Wiederaufbau der Plantagen stand die industrielle Teeproduktion im Vordergrund und weniger die Gewinnung hochwertiger Qualität.
Indonesischer Tee wird nur selten in Deutschland angeboten. Die Hauptabnehmer des Schwarzen Tees sind die USA, England, Russland und die ehemaligen GUS-Staaten, Grüner Tee wird nach Pakistan und den Nahen Osten exportiert. Im Geschmack ähnelt

Tee aus Indonesien dem Ceylon-Tee. Oft wird er als Grundlage für Mischungen verwendet.

China

Vieles ist in China seit jeher geheimnisvoll. Zur »Verbotenen Stadt« hatte kein Normalsterblicher Zutritt, und so verhält es sich auch mit den sagenumwobenen Teegärten für Spitzentees, deren genaue Lage nur wenigen Auserwählten bekannt ist. Diese Teegärten gehören zu den Wurzeln der chinesischen Identität und nicht zum Besuchsprogramm für ausländische Gäste.
Das erste schriftliche Zeugnis für den Anbau von Tee stammt aus dem 6. Jahrhundert nach Christus aus den Provinz Szechuan. Dort und im ebenso unzugänglichen und weit von Peking entfernten Yunann erhielt sich auch das traditionelle Tee-Wissen, das in den frühen Jahren der Volksrepublik und während der Kulturrevolution in Gefahr war, vergessen zu werden.
Heute wird in allen südlichen und mittleren Provinzen Tee angebaut. Die Sortenvielfalt ist immens und dem entsprechend unterschiedlich sind die Plantagen angelegt.
Wie überall auf der Welt kommen die besten Tees aus feucht-warmen, hochgelegen Gebieten ohne extreme Temperaturschwankungen. Das Jahr wird in China in 24 Sonnenabschnitte unterteilt und nicht nur in Jahreszeiten oder Monate. Der feinste Tee wird anfang April in der so genannten Zing-Ming-Zeit gepflückt.
Das wachsende Interesse an Tee aus China, aber auch die große Inlandsnachfrage haben zur Gründung von Kooperativen geführt, die mit rationellen und modernen Herstellungsverfahren Tee in großem Stil produzieren. Hier werden sehr gute Standardtees hergestellt, die sich durch konstante Qualität auszeichnen. Vielfach sind es Mischungen, und da in China keine Gartennamen wie Darjeeling oder Assam verwendet werden, sondern Tee mit klangmalerischen und fantasievollen Namen versehen wird, liegt die Frage nach der Herkunft oft im Dunkeln.
Neben den Kooperativen hat sich eine auf höchste Qualität bedachte privatwirtschaftliche Teeindustrie entwickelt. Kleinste Mengen besten Tees wachsen in den »heiligen Gärten« und werden zu astronomischen Preisen an die zu Reichtum gelangten Chinesen verkauft. Es ist der Versuch, an die kaiserliche Teetradition anzuknüpfen. Zum Teil mussten das Wissen und die Geheimnisse des Teeanbaus aus Taiwan und Japan reimportiert werden.
Yunnan-Tee gehört zu den bekannteren chinesischen Sorten und wird sowohl als Grüner wie auch als Schwarzer Tee ausgebaut. Er ist durch sein erdiges und volles Aroma leicht zu erkennen. Keemun, ein schwarzer Tee – in feinster Qualität Keemun Imperial –, wird wegen seines geringen Koffein- und Gerbstoffgehalts und wegen seines lieblichen und duftigen Geschmacks geschätzt.

Japan

Tee war in Japan ursprünglich nicht heimisch. Pflanzen und Samen kamen wohl mit buddhistischen Mönchen aus China.
Die größten Anbaugebiete sind vor allem im Süden der Hauptinsel Honshu und auf den Inseln Kyushu und Shikoku zu finden. Als Japans eigentliche Teeprovinz gilt freilich Shizuoka. Am Fuße des heiligen Berges Fudschijama wird in über 20 Teegärten Japans meistgetrunkener Tee, der Sencha, angebaut. Die Anlagen sind eng bepflanzt und werden niedrig gehalten. In akkuraten, dicht belaubten, langen Reihen erwecken sie einen parkähnlichen Eindruck. Seit alters her kann hier dreimal im Jahr geerntet werden. Wie in jedem Anbaugebiet ist die Frühlingspflückung, die *Ichi-Ban-Cha*, die Ernte, bei der der hochwertigste Tee gewonnen wird. Mit ihr wird zugleich weit über fünfzig Prozent der Jahresproduktion erzielt. Die Sommerernte, die *Ni-Ban-Cha* und die Herbsternte, die *Sam-Ban-Cha*, bei der auch der Pflanzenschnitt für die vegetative Ruhepause erfolgt, stehen in Qualität und

⁙ Blüte und Samen der Teepflanze interessierten im 19. Jahrhundert nicht nur Botaniker, sondern auch Unternehmer, die eigene Pflanzungen anlegen wollten

Güte weit zurück. Nirgendwo wird heute mit soviel wissenschaftlichem und technischem Knowhow Tee angebaut. Die japanischen Teebauern beherrschen einen Mix aus traditionellem Wissen und neuer Technologie. Dazu gehört der perfekte Einsatz von Schattennetzen für den Kabuse (siehe Kasten) ebenso wie Pflückroboter oder ausgeklügelte Bewässerungssysteme. Auch moderne Belüftungssyteme und Warmluftventilatoren, die die kalte Nachtluft verwirbeln helfen, um Frostschäden zu vermeiden oder Schädlinge fernzuhalten, sind Ergebnisse einer Forschung im Dienste des Tees.

In Japan wird nur Grüner Tee produziert. Neben den von Japanern geliebten Senchas mit ihren duftigen, leicht süßen Aromen wird auch sehr gerne Gyokuro getrunken. Er heißt übersetzt »Kostbarer Tau«, was auch für das Preis gilt, und ist ein leicht beschatteter Pulvertee mit einem kräftigen Aroma und einem süßen Nachgeschmack.

KABUSE-CHA – JAPANISCHER HALBSCHATTEN-TEE

Die Teekultur ist ein wichtiger Teil der japanischen Tradition. Im modernen Japan wird beim Teeanbau nichts dem Zufall überlassen. Wissenschaftliche und technische Erkenntnisse bildet die Grundlage für Anbau und Verarbeitung des Tees. Bei der Entstehung des Kabuse-Cha stand der Wunsch, Tee in seiner ursprünglichsten Form zu trinken, im Mittelpunkt. Gewonnen wird der Tee aus den Blättern des Teestrauchs (*Camellia sinensis*). Um Bedingungen zu schaffen, die denen in der freien Natur entsprechen, werden die Sträucher auf den Plantagen einige Zeit vor der Ernte mit speziellen Netzen (japanisch: *kabusé*) beschattet, denn in der Natur wächst der Teestrauch unter Schatten spendenden Bäumen. Der Zeitraum der Beschattung liegt meist bei etwa 10 Tagen, er variiert aber und kann auch einmal 14 Tage überschreiten. Die besondere Anbaumethode wird ganz im Süden Japans in der Region Kagoshima seit langer Zeit praktiziert, aber auch in anderen japanischen Teegärten beschattet man einen Teil der Pflanzen. Die Plantagen Kagoshimas befinden sich in der Nähe des noch aktiven Sakurajima-Vulkans. Es könnte sein, dass die Netze dort auch zum Schutz vor der Asche des Vulkans eingeführt wurden und man dabei auf ihre Wirkung für den Geschmack des Tees stieß. Bodenqualität, Beschattung und Klima verleihen dem Tee seine Frische und seinen hocharomatischen Duft. Die beschatteten Pflanzen bilden einen höheren Extraktgehalt und mehr Blattfarbstoffe. Bitter- und Gerbstoffe sind weniger stark ausgebildet.

Halbschatten-Tee wird, wie fast alle japanischen Grüntees, nach der Ernte bedampft und hat nach dem Trocknen eine nadelartige Blattstruktur. Die wechselnden klimatischen Bedingungen ebenso wie der Erfahrungsschatz der Teebauern machen den »wilden« Tee zu einem einzigartigen Erlebnis. Der Tee kann drei bis fünfmal aufgegossen werden bei Temperaturen zwischen 60 und 85 Grad, dann kann er sein fruchtigsüßes Aroma und seine frische, oft smaragdgrüne Färbung am Besten entwickeln. Kabuse-Cha gilt in Japan auch als *Tee der Götter*. Auf nur 5 % der japanischen Anbaufläche wird dieser Spitzentee erzeugt.

⁙ Weißer Tee wird nur ganz kurz getrocknet und hat daher ein sehr leichtes, dezentes Aroma

Schwarzer Tee und Grüner Tee

Schwarzer und Grüner Tee werden aus den Blättern derselben Pflanzen gewonnen. Für die Herstellung von Schwarzem Tee müssen die Teeblätter vergären, diesen Prozess nennt man Fermentation oder Oxidation; will man Grünen Tee, wird die Blatternte mit Hitze behandelt. Erst durch die Bedampfung bzw. die Fermentierung werden aus ein und demselben Rohstoff zwei in Geschmack und Farbe verschiedene Getränke.

Grüner Tee Der Grüne Tee entstammt der Apotheke Chinas. Wann aus dem ursprünglichen Heilmittel

Tab. 427.

✕ Erst im 19. Jahrhundert erfuhr man in Europa, dass Grüntee und Schwarztee von derselben Pflanze stammen. Ein Arzneibuch des 18. Jahrhunderts präsentiert daher eine spezielle Schwarzteepflanze, Thea bohea

auch ein Genussmittel wurde, lässt sich nicht sagen. Die Chinesen führten jedenfalls schon im 12. Jahrhundert Methoden ein, um Grüntee zu erhalten: Sie rösteten die Teeblätter über dem Feuer. Die Japaner dagegen bedampfen die Teeblätter meist. Ziel der Bedampfung oder Befeuerung ist es, den Oxidationsprozess erst gar nicht einsetzen zu lassen. Die Ernte wird sofort über Feuer geröstet oder mit Wasserdampf behandelt. Anschließend werden die Blätter gerollt, wodurch die noch vorhandene Flüssigkeit hervortritt, und dann getrocknet. Dieses Trocknungsverfahren erhält den Blättern ihre grünliche Farbe.

Dem Grünen Tee wurden traditionell schon immer heilende und krankheitsvorbeugende Eigenschaften zugeschrieben, was in den letzten Jahrzehnten durch medizinische Studien untermauert werden konnte. So wurde zum Beispiel bei Herz-Kreislauf-Erkrankungen, Diabetes oder Karies seine positive und vorbeugende Wirkung nachgewiesen. Die hohe Konzentration von Vitamin C und B bleibt auch durch das Erhitzen des Wassers erhalten. Das im Grünen Tee vorhandene Koffein ist an Gerbstoffe gebunden, was bewirkt, dass seine anregende Wirkung langsam und schonend abgegeben wird. Wertvolle Mineralien und Spurenelemente wie Zink, Mangan, Kalium und Magnesium sind weitere Inhaltsstoffe, die den Tee zu einem ausgewogenen und gesundheitsfördernden Getränk machen. Seit 1990 wird in Japan intensiv die krebsvorbeugende Wirkung von Grünem Tee untersucht. Im Mittelpunkt des Interesses steht eine bestimmte Gruppe von Gerbstoffen, die Polyphenole. Einem Gerbstoff, der besonders im Grüntee vorkommt, dem Epigallo-Catechingallat, wird dabei die besondere Fähigkeit zugeschrieben, die menschlichen Zellen vor Mutationen zu schützen, die den Zellkern verändern und zu unkontrolliertem Wachstum, also zu Krebs, führen können.

Es sind viele verschiedene Komponenten, die über die Qualität von Grünem Tee entscheiden. Selbstverständlich kann ein und dieselbe Sorte in sehr guter und sehr schlechter Qualität angeboten werden. Der Erntezeitpunkt prägt den Geschmack und das Aussehen. In aller Regel wird der Grüne Tee von Anfang April bis in den Herbst viermal gepflückt. Die ersten kleinen Triebe liefern die leichten, frischen Aromen. Spätere Stadien, in denen das Blatt beflaumt ist, oder der Zeitpunkt, wenn Blatt und Blüte gleichzeitig am Strauch wachsen, bestimmen ebenfalls Duft und Geschmack des Tees.

An die 150 verschiedene Sorten sind bekannt. Sie haben klangmalerische und anschauliche Namen wie *Mei Zhan* (»So wie die erste edle Pflaumenblüte«), *Hai Bei Tu Zhu* (»Die Meeresmuschel spuckt eine Perle aus«) oder *Hue Yong Hua* (»Weiße Schneeblume). Die am häufigsten verbreiteten Sorten sind der chinesische *Gun Powder* – seine Blätter werden beim Trocknen zu kleinen Kugeln gerollt, daher sein Name – und die bereits erwähnten japanischen Senchas. Beide Teesorten erfreuen sich in ihren Ursprungsländern und auch in Europa großer Beliebtheit. Einsteigern wird oft der *Gu Zhang Mao Jian* empfohlen. Es ist ein typischer Frühjahrstee, sein Aufguss leuchtet goldgelb, und sein süßlicher, milder Geschmack erinnert an Kastanien. Die Sortenvielfalt hält viele Überraschungen bereit, die es wert sind, entdeckt zu werden.

So wird aus grünen Blättern Schwarzer Tee

Schwarzer Tee ist fermentierter Tee. Eine gekonnte Fermentierung ist für die Qualität des Tees entscheidend. Die Fermentation ist ein unaufgeschlüsseltes Phänomen. Mögen die mikrobiologischen Prozesse längst bekannt sein, ihre Auswirkung auf den Geschmack ist noch immer rätselhaft. Es obliegt dem Können und der Erfahrung des *Teamakers*, den Ablauf richtig zu steuern. Um den bakteriell unterstützten Oxidationsprozess einzuleiten, werden überall auf der Welt die gleichen Arbeitsschritte vollzogen.

Bei der so genannten »orthodoxen Teeproduktion« kann es sich um Handarbeit, aber auch um maschinelle Herstellung handeln. Die Ernte wird zum Welken in der Fabrik auf Rosten oder Hürden ausgebreitet. Sie werden mit Temperaturen zwischen 25 und 35 Grad belüftet. Die tagesfrischen Blätter verlieren dabei 30 Prozent ihrer Feuchtigkeit und werden geschmeidig. So können die gewelkten Blätter gerollt werden, ihre Zellwände brechen auf, und der Zellsaft verbindet sich mit dem Sauerstoff der Luft und beginnt zu gären. In diesem Stadium entwickeln sich ätherische Öle und charakteristische Aromen sowie die Balance zwischen Koffein und Gerbstoffgehalt. Die Blätter verfärben sich kupferrot. Es ist die Entscheidung des *Teamakers*, nach welcher Zeit er den Fermentationsprozess durch das Einleiten der Trocknung stoppt, die bei 85 bis 100 Grad durchgeführt wird. Durch das Trocknen verliert der Tee vollends seine Feuchtigkeit. Die am Blatt klebende, kupferrote Farbe des Zellsaftes verfärbt sich schwarz. Nur durch die eben beschriebene »orthodoxe Produktionsmethode« erhält man Blatt-Tees.

In der Massenproduktion hat sich dagegen die so genannte CTC-Methode durchgesetzt. Benannt nach den Vorgängen *Crushing* (Zermalen), *Tearing-* (Zerreißen) und *Curling* (Rollen) wird bei dieser Methode das Blattgut zu einem Brei zermalen. Die austretende Flüssigkeit wird gesammelt und dem Brei während der Fermentation wieder beigegeben. Auch bei der LTP-Produktion – hier war der Maschinenkonstrukteur Namensgeber – werden die Blätter durch rotierende Messer in kleinste Teile zerschnitten. Beide Produktionsmethoden liefern nur kleine Blattgrade wie *Faning* und *Dust*. Sie werden vorwiegend für Mischungen und Teebeutel verwendet.

⁙ Die kleinen Kügelchen des Gunpowder-Tees werden traditionell von Hand gerollt

WAS SIE SCHON IMMER ÜBER TEE WISSEN WOLLTEN

Neben den Herkunftsländern gibt es noch andere Kriterien, nach denen Schwarztee eingeteilt wird. Die verwirrenden Buchstaben auf den Teepackungen beziehen sich auf die Teeblätter, ihre Größe, ihr Alter und ihre Verarbeitung. Nach der Produktion wird der Schwarztee sortiert. Man unterscheidet zwischen Blatt-Tee und Broken-Tee. Leider ist ein Buchstabenabkürzungs-Wirrwarr entstanden, das nicht sehr verbraucherfreundlich ist. Die Hinweise auf den Verpackungen helfen nicht wirklich weiter. Denn wer weiß schon, dass F.O.P. für einen Flowery Orange Pekoe Tee steht, dessen in Längsrichtung gerollte Blätter eine Größe von fünf bis acht Millimeter Länge haben? Versuchen wir Klarheit in die TGFBOPs und GFOPs zu bringen.

»P« wie *Pekoe* steht heute für ein dünnes, kurzes Blatt.
»OP« wie *Orange Pekoe* steht für eine Blattlänge von 8 bis 15 Millimeter. Orange hat keinen Bezug zur Zitrusfrucht, sondern leitet sich vom niederländischen *oranje*, königlich, ab.
»FOP« wie *Flowery Orange Peko* steht für die Blattlänge von 5 bis 8 Millimeter.
»T« oder »GT« wie *Tips* oder *Golden Tips* verrät, dass sich Blattspitzen junger Blätter im Tee befinden.
»B« wie *Broken* steht für gebrochenen, kleinblättrigen Tee.

Broken-Tees müssen nicht schlecht sein, genauso wenig wie Blatt-Tees schmecken müssen. Broken-Tees sind stets sehr ergiebig. Auch bei ihnen wird unterschieden zwischen *fanings*, eineinhalb Millimeter großen Blatt-Partikeln, und *dust*, dem Staub, der meist in der Teebeutelproduktion Verwendung findet.

Um die Verwirrung komplett zu machen, sei noch darauf hingewiesen, dass die ursprüngliche Bedeutung von *Pekoe* mit der jetzigen Verwendung nicht zusammenhängt. Das Wort *Pekoe* ist die englische Adaption vom chinesischen Wort *Pak-Ho*, was Babyhaar und Flaum von Teeknospen bedeutet.

Die Zubereitung

Teezubereitung ist nicht gleich Teezubereitung. Überall auf der Welt hat sich aus dem jeweiligen kulturellen Kontext heraus eine eigene Art des Teetrinkens entwickelt. Sei es der fette *Cha* mit Yakbutter in Zentralasien oder die mit Reismilch aufgegossenen Teeblätter in China: Teegenuss gehört zur Identität von Völkern und Volksgruppen.
In Japan wird der Tee nach einer festgelegten Zeremonie zubereitet, in Indien werden die Blätter mit Milch, Kardamom und Zucker zum indischen *Chai* aufgekocht.
»Tee ist ein Kunstwerk und braucht eines Meisters Hand, um seine edelsten Eigenschaften zu offenbaren.« schreibt der Teephilosoph Kakuzo Okakura in seinem »Buch vom Tee«. Im Gegensatz zu dieser strengen Aussage glauben heute viele Teekenner, dass die Qualität des Rohproduktes entscheidend ist. Ein guter Tee verzeiht selbst eine schlechte Zubereitung. Doch es gibt einige ganz undogmatisch zu sehende Regeln, die dabei helfen, einen wohlschmeckenden Tee zustande zu bringen.
An erster Stelle steht das Wasser. Tee schmeckt nur so gut wie das Wasser, mit dem er zubereitet wird. Wer das Glück hat, dass weiches Wasser aus seiner Leitung fließt, wird guten Tee zu trinken bekommen. Hat man gechlortes oder hartes Wasser, hilft ein Wasserfilter. In Flaschen gekauftes Wasser ist nur in den wenigsten Fällen für die Teezubereitung geeignet. Wer dennoch Wasser kaufen muss, weil dass Hahnenwasser nur zum Bodenwischen taugt, sollte auf keinen Fall Mineralwasser mit Kohlensäure verwenden, sonst wird der Tee zur trüben Brühe. Auch sollte die Wahl auf ein Mineralwasser fallen, das einen möglichst schwachen Eigengeschmack hat.
Für den Aufguss bring man frisches Wasser zum Kochen und gibt das Wasser in der empfohlenen Temperatur über den Tee und nicht den Tee ins Wasser. Tee braucht genügend Raum, um seine Aromen zu entfalten. Die oft wunderschönen historischen Tee-Eier verhindern ebenso wie zu enge Vliesbeutel oder Baumwollnetze, dass sich der Tee frei entfalten kann. Ob man den Tee in einem speziellen Gefäß angießt oder direkt in der Teekanne, ist Geschmackssache. Auf jeden Fall muss sichergestellt sein, dass sich die Teeblätter ganz entfernen lassen. Das Material der Teekanne ist nicht so entscheidend wie das Platzangebot für die Teeblätter. Wie heiß das Wasser für den Aufguss sein muss, ist eine Frage der Teesorte.

Schwarzer Tee Schwarzer Tee muss mit kochendem Wasser aufgegossen werden. Besonders bei der Zubereitung von Schwarzem Tee sollte auch die Teekanne vorgewärmt werden, da zum Beispiel kalte Tongefäße oder gusseiserne Teekannen die Wassertemperatur stark senken und die Entfaltungsmöglichkeit des Tees behindern.
Die Dosierung und die richtige Ziehzeit sind Experimentierfelder. Soll der Tee anregend wirken, lässt man ihn bis zu drei Minuten ziehen, so hat sich das Koffein voll entwickelt. Beträgt die Ziehdauer fünf Minuten hat sich zwar noch mehr Koffein gelöst, das gebunden an die gleichzeitig erhöhten Gerbstoffe jedoch nur langsam abgegeben werden kann. So wirkt der Tee eher entspannend. Die Dosierung ist eine Frage des Ausprobierens. Es lohnt sich, dem eigenen Geschmack nachzuspüren und den bekannten Tee durch die Veränderung der Ziehdauer oder der Dosierung immer wieder neu zu entdecken.

Grüner Tee richtig zubereitet Zur Teekultur gehört die richtige Art der Zubereitung. Grüner Tee will sensibel behandelt werden. Nie sollte man seine Blätter mit kochendem Wasser übergießen, da sie sonst verbrühen und leicht bitter werden. Die ideale Aufgusstemperatur liegt je nach Teesorte zwischen 65 und 90 Grad.
Wie lange man den ersten Aufguss ziehen lässt, hängt ebenfalls von der Teesorte ab – und natürlich vom persönlichen Geschmack. Es kommt durchaus vor, dass der erste Aufguss weggeschüttet wird, weil die

⁙ Ein alter Stahlstich zeigt das Rösten des Grüntees und das Rollen der Blätter nach einer chinesischen Zeichnung

Torréfaction et enroulement des feuilles du thé.

Konzentration an Gerbstoffen als zu intensiv empfunden wird oder weil der von Aufguss zu Aufguss abnehmende Koffeingehalt anfänglich zu stark ist. Grüner Tee kann ohne weiteres drei bis viermal aufgegossen werden. Der Geschmack verändert sich von mal zu mal, und es kann eine Freude sein, die Veränderungen wahrzunehmen. Am Besten bewahrt man Grünen Tee in Glas-, Porzellan- oder Keramikgefäßen auf. Blanke Blechdosen verändern seinen Geschmack und zerstören seinen Vitamin-C-Gehalt. Die auf den ersten Blick möglicherweise erschreckenden Preise für guten Grüntee relativieren sich, da man die Blätter mehrmals aufgießt. Es empfiehlt sich, kleine Mengen zu kaufen, sich zunächst an die Anweisung der Gebrauchsanleitung oder den Rat des Teeverkäufers zu halten und vor allem selbst zu experimentieren.

Was ist nun ein guter Tee?

Der charakteristische Geschmack der verschiedenen Anbaugebiete, der Zeitpunkt der Ernte, das Klima, der Boden sowie die Güte und das Alter des Teestrauchs, die Sorte, die Verarbeitung der Blätter und die Art der Zubereitung sind allesamt wichtige Faktoren. Die Entscheidung aber fällt in der Tasse.
Lu Yu, Chinas Teepoet aus dem 9. Jahrhundert, bringt den Zusammenhang auf den Punkt.
»Letztlich entscheidet der Geschmack über die richtige Beurteilung des Tees: Wie gut er ist, ist eine Entscheidung, die der Mund selbst treffen muss.«

LU YU, DER HEILIGE WEG DES TEES, 3. KAP.

DREI NAMEN – EIN TEE

OOLONG, WU LONG, BLAU-GRÜNER TEE

Neben den unfermentierten, grünen Teesorten gibt es noch halbfermentierte, so genannte Oolongs. Diese Tees an der Schnittstelle zwischen grünem und schwarzem Tee haben den Ruf, der »Champagner unter den Tees« zu sein. Südchina und Taiwan sind ihre Ursprungs- und Hauptanbaugebiete.
Die Herstellung verlangt kräftige Blätter, die nach der Ernte der Sonne ausgesetzt werden, um einen Oxidationsprozess einzuleiten. Durch den Feuchtigkeitsverlust werden die Blätter geschmeidig und reißen – durch sanftes »Rütteln« in speziellen Bambussieben – an den Blattkanten ein.
Es ist eine Wissenschaft für sich und bedarf großer Erfahrung, den richtigen Fermentationsgrad zu bestimmen, um das gewünschte Aroma zu erhalten. Durch Erhitzen oder Pfannenröstung wird der Prozess gestoppt. Wu Long ist das chinesische Wort für »schwarzer Drache«, und wie kleine schwarze Drachen sehen die getrockneten Teeblätter auch aus. Die Blätter riechen leicht nach Orchideenblüten, und die Farbe des Tees changiert blaugrün. Es gibt an die dreitausend verschiedene Varianten, deren Fermentierungsgrad von 5 bis 90 Prozent reicht.
Die beiden Hauptanbaugebiete unterscheiden sich insofern, als die chinesischen Tees meist kräftiger im Geschmack sind, während in Taiwan das leichte Aroma bevorzugt wird. Eigentlich heißt es, dass Tee möglichst frisch getrunken werden sollte und nicht lange aufbewahrt werden kann, doch die Oolongs reifen nach wie Weine und werden immer besser.
Traditionell wird Oolong Tee in zwei Gefäßen serviert, eines dient zum Riechen, das andere zum Trinken. Wu Long Tees können bis zu achtmal aufgegossen werden. In schneller Folge verändern sie dabei ihre Duftnuancen und ihren Geschmack.
Oolongs sind noch ein Geheimtipp, doch in Europa und Amerika erobert der Tee immer mehr Liebhaber.

⁙ Die Optik der verarbeiteten Teeblätter ist in den asiatischen Herkunftsländern von großer Bedeutung. Die Blätter der unterschiedlichen Sorten werden gepresst oder kunstvoll geflochten. Mal werden sie mit Bindfäden in Blütenform gebunden, öffnen sich beim Überbrühen und geben Knospen frei, oder Drachenwesen tanzen wie Krabben im Glas. Tee zu trinken bedeutet nicht nur, sich an Geschmack und Farbe zu erfreuen. Fast ebenso wichtig ist der visuelle Prozess der Entwicklung von getrockneten Blättern in Glas oder Schale.

Russland – Tee im Gepäck der Karawane

»Wenn der Samowar kocht, hält er alle im Haus« – russisches Sprichwort

Mitte des 16. Jahrhunderts hatte man am Hof des Zaren von einem wundersamen chinesischen Getränk gehört. Kosaken sollen sogar eine Teeprobe aus China mitgebracht haben. Doch es dauerte bis zum Jahre 1638, ehe die erste nennenswerte Teeladung in Moskau eintraf. Der Tee erreichte Russland, anders als Europa, auf dem Landweg. Wassilij Storkow, Diplomat und Gesandter am Hof des mongolischen Khans, hatte bei seiner Rückkehr als Geschenk für seinen Zaren zweihundert Kisten Tee im Gepäck. Zar Michael I. soll Tee gemocht haben, und deshalb rühmten wohl auch seine Gäste das extravagante Getränk aus der Fremde. Es scheint, dass der Tee damit in Moskau heimisch geworden war. Warum der Zar dennoch vierzig Jahre verstreichen ließ, ehe er den Teehandel gestattete, bleibt ein Geheimnis.

Im Jahr 1679 schloss das russische Zarenreich mit China einen Teeliefervertrag, und in St. Petersburg und Moskau begann sich eine Teekultur zu entfalten. Doch die Größe Russlands verhinderte ihre schnelle Ausbreitung. Es sollte noch zweihundert Jahre dauern, bis der Tee die Städte und Dörfer erreichte und im Alltag verankert war.

Der Tee wurde mit Lastentieren von China über die Seidenstraße nach Russland transportiert. Er war für seine äußergewöhnliche Qualität bald in ganz Europa berühmt. Es machte einen Unterschied, ob der Tee in feuchten, muffigen und geteerten Lagerräumen der Schiffe transportiert wurde oder auf dem Rücken von Kamelen. Der »Schiffsgeschmack«, der dem europäischen Tee zu Beginn seiner Laufbahn anhaftete, blieb den russischen Teetrinkern erspart. Und da auch die europäischen Gaumen den Unterschied schmeckten, hatte Russland mit seinem chinesischen Tee ein Exportgut, das sich vor allem französische Teeliebhaber etwas kosten ließen. Karawanen-Tee, so seine Bezeichnung, galt bald überall als exklusive Köstlichkeit.

Im 19. Jahrhundert schließlich hatte Russland mit dem Samowar seine Art des Teetrinkens gefunden. Samowar heißt übersetzt »Selbstkocher«. Am An-

Karawanentee war besonders geschätzt

fang seiner Karriere wurde der »Wasserkocher mit Wasserhahn« mit Holz oder Kohle beheizt, heute steht er natürlich unter Strom. Der Samowar bildete das wärmende Zentrum im Haus und auf dem Tisch. Wo der Samowar zum Teetrinken einlud, war ein Ort zur Entspannung. Das immer bereitstehende Tee-Konzentrat wurde und wird in einem extra Kännchen, dem *Tschainik,* oben auf dem Samowar warm gehalten. Für den Extrakt werden 15 bis 20 Teelöffel Teemischung mit einem Liter kochendem Wasser überbrüht und nach einer Ziehzeit von drei Minuten abgeseiht. Das warm gehaltene Konzentrat und das immer heiße Wasser des bauchigen Kessels werden je nach Geschmack zu einem starken oder schwachen Tee gemixt. Auch wenn der Samowar keine russische Erfindung ist, sondern aus dem türkisch-persischen Raum stammt, lassen sich nirgendwo auf der Welt so viele Variationen dieses Gerätes finden.

Der Samowar kann kunstvoll verziert und aus den edelsten Metallen gefertigt sein. In jeder Stilepoche wurde er neu entworfen und »erfunden«, doch immer bleibt er unabdingbares Zubehör für die russische Art, den Tee zu trinken. Selbst in den Waggons der Transsibirischen Eisenbahn kann der, der nicht vorgesorgt hat, Teeblätter beim Zugpersonal kaufen. Das heiße Wasser aus dem Samowar im Abteil steht jedermann zur Verfügung.

Neben dem Samowar haben sich weitere landestypische Eigenheiten rund um den Tee entwickelt. Oft bleibt der Ursprung für solche Sitten verborgen. Historisch bedingt ist der Brauch, Tee aus dem Glas zu trinken. Porzellan war im zaristischen Russland eine Kostbarkeit, die dem Adel vorbehalten war. Die Menschen waren zu arm für Teegeschirr. Das Volk, und dazu gehörten auch seine Dichter, verwendete das Teeglas. »Mit einem gefüllten Teeglas und einem Stück Zucker im Mund – das ist Ekstase…«, formulierte es Puschkin. Und damit wird neben dem Teeglas eine weitere Besonderheit erwähnt, die nur Russlands Teetrinker praktizieren. Durch die russische Art der Teezubereitung schmeckt der Tee leicht bitter und wird deshalb gerne stark gesüßt. Man gibt jedoch den Zucker nicht ins Teeglas, sondern steckt ein Stückchen davon in den Mund und umspült ihn mit heißem Tee. Und tatsächlich: gesüßten Tee zu trinken oder Tee im Mund zu süßen ist ein Unterschied! Doch nicht nur Zucker, auch eingekochte Sirupfrüchte, die *Warenije,* und Konfitüre werden gerne im Mund mit Tee vermischt.

Tee ist neben Wodka eine russische Leidenschaft, und die produzierte Teemenge deckt bei weitem nicht die Inlandsnachfrage. Der Pro-Kopf-Verbrauch liegt bei fast einem Kilogramm pro Jahr. Heute wird an den Hängen des Kaukasus, in Georgien und Aserbeidschan in großem Stil Tee für den Alltag produziert. Seine Qualität reicht jedoch nicht an den ehemaligen russischen oder Karawanentee heran, der ja in Wirklichkeit chinesischer Tee war.

TEE UND DAS GLÜCK DER ERINNERUNG

An einem Wintertag kam ich nach Hause, und da sie sah, dass ich fror, schlug mir meine Mutter vor, entgegen meiner Gewohnheit ein wenig Tee zu trinken. Ich lehnte zunächst ab, doch aus irgendeinem Grund besann ich mich noch einmal anders. Sie ließ eins dieser kurzen, molligen Gebäckstückchen holen, die man Madeleines nennt und die aussehen, als seien sie in der gerillten Schale einer Jakobsmuschel geformt worden. Und bald führte ich mechanisch, bedrückt von einem düsteren Tag und der Aussicht auf ein trauriges Morgen, einen Löffel Tee zum Mund, in dem ich ein Stückchen Madeleine eingeweicht hatte. Doch im selben Moment, da der Schluck Tee, gemischt mit Gebäckstückchen, meinen Gaumen berührte, fuhr ich zusammen, denn ich fühlte, dass etwas Außerordentliches mit mir geschah. Ein köstliches Gefühl hatte sich in mir ausgebreitet, unvermittelt, ohne einen Begriff von seinem Grund. Sogleich wurden mir die Wechselfälle des Lebens gleichgültig, seine Katastrophen harmlos, seine Kürze eine Illusion, auf dieselbe Weise, wie es auch die Liebe bewirkt, indem ein kostbarer Gedanke mich erfüllte: oder besser gesagt, dieser Gedanke war nicht in mir, er war ich.

Ich fühlte mich nicht mehr mittelmäßig, dem Zufall unterworfen, sterblich. Woher kam diese machtvolle Freude? Ich fühlte, dass sie mit dem Geschmack des Tees und des Gebäcks verbunden war, doch ihn bei weitem übertraf und daher wohl nicht von derselben Art war. Woher kam sie? Was bedeutete sie? Wie konnte man sie erfassen? Ich trinke einen zweiten Schluck, in dem ich nicht mehr finde als im ersten, einen dritten, der etwas weniger bewirkt als der zweite. Es ist Zeit, aufzuhören, die Kraft des Getränks scheint sich zu vermindern. Es ist klar, dass die Wahrheit, die ich suche, nicht in ihm liegt, sondern in mir. .. Ich setze die Tasse ab und wende mich meinem Geist zu. ...

Und auf einmal erscheint mir die Erinnerung. Der Geschmack ist der eines kleinen Stücks Madeleine, das mir sonntags morgens (denn an diesem Tag ging ich vor der Messe nicht aus dem Haus) in Combray meine Tante Leonie gab, nachdem sie es in ihren Tee oder Lindenblütentee getaucht hatte.

Und sobald ich den Geschmack des Stücks Madeleine, eingetaucht in Lindenblütentee, erkannt hatte, das mir meine Tante zu geben pflegte, legte sich das alte graue Haus an der Straße, wo ihr Zimmer lag, wie eine Theaterkulisse an das Hinterhaus mit Blick auf den Garten, das für meine Eltern angebaut worden war, und mit dem Haus die Stadt, der Platz, wo ich früher zu Mittag essen ging, die Straßen, in denen ich Besorgungen machte vom Morgen bis zum Abend und bei jedem Wetter, die Wege, die wir bei schönem Wetter nahmen. Und wie in dem Spiel, bei dem die Japaner in einer mit Wasser gefüllten Porzellanschüssel kleine Papierstückchen eintauchen, die bis dahin unansehnlich aussehen und sich bei der Berührung des Wassers entfalten, drehen, verschiedene Farben zeigen und zu Blumen, Häusern, Personen werden, so sind alle Blumen unseres Gartens und die des Parks, die Seerosen des Flusses, die Leute des Dorfes und ihre kleinen Häuser, die Kirche und ganz Combray, alles, was Form und Gestalt annahm, aus meiner Tasse Tee entstanden.

MARCEL PROUST (1871–1922), AUF DER SUCHE NACH DER VERLORENEN ZEIT

Beim Genuss von Tee mit Madeleines fand Marcel Proust seine »verlorene Zeit«

Europa wird zum Tee verführt

Fremde Aromen und Luxusprodukte erreichten Europa schon seit urdenklichen Zeiten. Bereits zweitausend Jahre vor Christus wurde mit Zimt und Pfeffer Handel getrieben. Jahrhunderte lang brachten arabische Kaufleute auf dem Landweg von Indien verschiedene Gewürze mit, die über Alexandria oder Venedig in Europas Kochtöpfe gelangten und dort für Geschmack sorgten. Es ist gut vorstellbar, dass auf diesem Wege auch das eine oder andere Teeblatt aus China über Indien im Gepäck von arabischen Gewürzhändlern Europa erreichte, ohne allerdings bleibenden Eindruck zu hinterlassen.

Dass Marco Polo (1254–1324), der über alles detailliert berichtete, ausgerechnet den Tee in China nicht würdigte, wurde bereits erwähnt. Es wird wohl der Tatsache zuzuschreiben sein, dass er seine Reiseaufzeichnungen im genuesischen Gefängnis von einem Mitgefangenen zu Papier bringen ließ. Zudem stellen neuere Forschungsergebnisse die Authentizität vieler seiner Episoden in Frage.

Mit den Abenteuer- und Entdeckungsreisen in den Fernen Osten nahmen auch die Erzählungen über den Tee zu. Portugiesischen Seefahrern gelang es, erste Stützpunkte an ostasiatischen Küsten anzulegen. Dort versorgte man sich mit Wasser und Proviant, trieb Tauschhandel in geringem Umfang und sandte Forscher auf Entdeckungstour ins Landesinnere. Auch Missionare wie der portugiesische Jesuit Alvarez Semendo, der China zu Fuß durchquerte, berichteten vom Tee und seiner Zubereitung.

Kaufleute, Seefahrer und der Geschmack der weiten Welt – Holland

Ende des 16. Jahrhunderts kursierten verschiedene Berichte vom Tee, nur hatte niemand die Möglichkeit, ihn selbst zu kosten. Holland gebührt der Ruhm, als erste Nation Tee nach Europa gebracht zu haben. Holländische Seefahrer lieferten nicht nur die ersten Blätter aus China, sondern auch gleich noch den

⁙ Lindenblütentee fängt den Duft einer lauen Sommernacht ein

Namen für das neue Getränk. Tee ist wohl das Wort chinesischen Ursprungs, das in die meisten anderen Sprachen übernommen wurde. Das Schriftzeichen für Tee spricht man in Chinas Süden »Thä« und im Norden »Cha« aus. Die Länder, die den Tee durch Seefahrer erhielten, sagen heute Tee oder Tea, und wer mit dem Getränk auf dem Landweg in Berührung kam, sagt Tscha in allen möglichen Variationen. Doch zurück zur Ware. Den Holländern gelang es, Chinas erster europäischer Handelspartner für Tee zu werden. Zwar verweigerten die Chinesen den Zugang zu den Städten Kanton und Macao. Das Problem wurde jedoch gelöst, indem der erste Teehandel von der Insel Java aus abgewickelt wurde. Mehrere kleine Gesellschaften hatten sich im Jahre 1602 zur »Niederländischen Ostindien Kompanie« zusammengeschlossen und waren mit weitreichenden Vollmachten ausgestattet worden. Das Handelsunternehmen durfte seine Schiffe bewaffnen, seine Stützpunkte befestigen, es hatte Gerichts- und Münzrecht und verfügte über eine eigene kleine Armee. Mit rüden Methoden ging die niederländische Handelsgesellschaft gegen die portugiesische und englische Konkurrenz vor, immer bestrebt, ein Monopol oder eine Vormachtstellung zu erlangen. Portugal und England mussten zurückweichen, und so erreichte 1610 die erste Schiffsladung mit Tee nicht Lissabon oder London, sondern den Hafen von Rotterdam.

Um das Geschäft mit Tee in Holland in Gang zu bringen, bedurfte es der Ärzteschaft. Sie bescheinigte dem Tee bei seinem Start in Europa, gegen alle Beschwerden zu helfen und positiv auf den gesamten Organismus zu wirken. Der Verkauf der ersten Teesendung bereitete noch gewisse Schwierigkeiten. In den folgenden Jahren nahm die Nachfrage aber ständig zu. Alles Neue und Exotische stieß auf Begeisterung und Interesse. Holland liebte den Geschmack der Welt.

Die Niederländer verbesserten ständig die Geschäftsbeziehungen mit China und bauten den Handel aus. Dem berühmten Seefahrer Johannes Maatsuyker gelang es, Kontakt zum kaiserlichen Hof in Kanton zu knüpfen. Durch Verhandlungsgeschick erreichte er, dass alle acht Jahre eine holländische Abordnung China besuchen durfte, um die Bedingungen des Teehandels neu zu regeln. Auch die chinesische Seite schien den richtigen Handelspartner gefunden zu haben. Fünfzig Jahre lang bestimmten die Holländer alleine, wer in Europa Tee zu trinken bekam.

Die »Niederländische Ostindien Kompanie«, einstmals der Garant für unermesslichen Reichtum, der heute noch in prachtvollen Patrizierhäusern im Zentrum Amsterdams zu besichtigen ist, musste im Jahr 1799 nach finanziellen Unregelmäßigkeiten liquidiert werden. Holland blieb Teeland. Kräftige Mischungen, meist aus den Anbaugebieten der ehemaligen Kolonien, werden über den Tag verteilt getrunken. Der Tee wird mit viel süßer Sahne bedeckt. In den Abendstunden weicht der Rahm manchmal einem Schuss Arrak. Der süße Reisbranntwein erreichte Holland ursprünglich wie der Tee aus Java und ist damit nicht nur geschmacklich, sondern auch historisch eine passende Ergänzung.

⌘ In seinem Goldenen Zeitalter lagen Holland die »Annehmlichkeiten ferner Länder« zu Füßen, unter anderem der Tee. Dies spiegelt sich im Titel von Engelbert Kaempfers Buch »Amoenitates exoticae«

Tee für den Sonnenkönig – Frankreich

Die Niederländer schenkten ihren französischen Nachbarn schon im Jahr 1636 Tee ein. Zu dieser Zeit wusste England nichts vom Tee, und es bestand durchaus noch die Möglichkeit, dass die Briten zur Nation der Kaffeetrinker werden würden und nicht die Franzosen.

Der »Sonnenkönig« Ludwig XIV. gehörte zu den Teeliebhabern der ersten Stunde. Er hatte erfahren, dass Japaner und Chinesen nicht von Gicht geplagt wurden, der Krankheit, die ihm zu schaffen machte, und dass Tee sein Leiden lindern würde. Als absolutistischer Herrscher bestimmte Ludwig XIV., was im adeligen Frankreich getrunken wurde. Ärzte waren zur Stelle, die wussten, wofür und wogegen Tee half oder helfen sollte. In schneller Folge erschie-

AMŒNITATES
EXOTICÆ

nen medizinische Ausführungen, die die vielseitigen Verwendungsmöglichkeiten von Tee rühmten. Frankreichs Damenwelt schwor der Schönheit zuliebe weiter auf Kaffee und Kakao. Doch bei den Männern genoss das neue Getränk allgemeinen Zuspruch, eignete es sich doch hervorragend für allerlei Inszenierungen und Chinoiserien. Frankreich zeigte sich im Zeitalter des Absolutismus dem neuen Getränk gegenüber aufgeschlossen. Man startete Anpflanzungsversuche, die jedoch kläglich scheiterten, oder beherzigte den Rat eines gewissen Francois Massialot, der empfahl, Teeblätter in Cognac einzuweichen und in der Pfeife zu rauchen. Monsieur schlug weiter vor, die Teeasche zum Zähneputzen zu verwenden. Was sich mit Tee alles anstellen ließ, die Franzosen haben es probiert!

Kritische Anmerkungen fanden sich nur in Briefen Liselottes von der Pfalz aus Versailles: »Thee kombt mir vor wie Heu und Mist, wie kann sowas Bitteres und Stinkendes erfreuen?« Und weiter spottete die deutsche Schwägerin Ludwigs XIV.: »Die katholischen Priester benötigen Thee mehr als die protestantischen, denn er macht keusch.«

Abgesehen von solchen despektierlichen Ansichten galt das Teetrinken in Frankreich bis ins 20. Jahrhundert hinein als Zeichen höchster Vornehmheit. Kaffee war billiger zu haben und wurde von jedermann an der Bar und im Bistro getrunken. Er gehörte zur französischen Lebensart.

Tee blieb ein elitäres Getränk. Man genoss ihn im Garten des Landsitzes, ließ ihn sich in den Grandhotels servieren oder nahm ihn im *Salon de thé* zu sich. Erst in den letzten zwanzig Jahren nahm der Teekonsum in Frankreich wieder kontinuierlich zu. Der Teehandel hat mit seiner Entscheidung für unverfälschte Qualität das Herz der französischen Feinschmecker erobert. Teemischungen werden nur aus den allerbesten Teesorten hergestellt. Frankreich hat sich einen Ruf als Teeveredler erworben und exportiert seine feinen Erzeugnisse in alle Welt.

DAS MAISON DES TROIS THÉS VON MEISTERIN YU HUI TSENG

Das *Maison des Trois Thés* hat mit über tausend Teesorten die größte Teeauswahl Europas. Dieses Tee-Kontor befindet sich in Paris, im Quartier Latin. Es ist von schlichter fernöstlicher Eleganz, ein wahres Mekka für Teeliebhaber. Im Keller lagern 17 Tonnen Tee; darunter befinden sich die feinsten Teeblätter und Kostbarkeiten, von denen es nur wenige Kilo pro Jahr gibt, weil sie von besonders alten oder seltenen Teesträuchern stammen. Moderne Technik sorgt für die richtige Luftfeuchtigkeit und Temperatur.

Madame Tseng kam vor über 10 Jahren in die französische Hauptstadt. Sie stammt aus einer alten chinesischen Familie, in der sie von Kindheit an die hohe Kunst der Teekultur erlebte. Die Besitzerin des *Maison des Trois Thés* ist eine von nur zehn chinesischen Teeweisen, eine Schülerin von Zhang Zien Fu, der das Wissen der chinesischen Teetradition über die Jahre der Kulturrevolution gerettet hat.

Madam Tseng bereist abgelegene Gegenden ihrer Heimat, immer auf der Suche nach besonderen Teesträuchern. Sie überwacht die Ernte und Verarbeitung ihrer eigenen Teeplantage, sie begutachtet Tees, die die chinesische Regierung an Staatsgäste verschenkt, kurzum: Sie ist eine der gefragtesten Teeexperten weltweit.

Sie vermag unzählige Geruchsnuancen und Aromen zu unterscheiden, sodass sich bei ihr in jüngster Zeit auch Parfümeure der Pariser Modehäuser in die Geruchswelten des Tees einführen lassen. Weinhändler und Sommeliers werden von ihr ausgebildet, und der berühmte französische Koch Alain Senderens hat in seinem Restaurant ein Menü komponiert, zu dem statt Bordeaux Tee gereicht wird.

Eine Teeprobe wird zum unvergesslichen Erlebnis. Es ist eine Reise in die Welt der Gerüche und Aromen. Übrigens: Wenn Sie das *Maison des Trois Thés* besuchen, verzichten Sie auf Parfüm. Es stört die natürlichen Teegerüche im Laden.

× Friedrich August Tischbein portraitierte seine Gattin mit einer Tasse Tee

Maison des Trois Thés,
1 rue Saint-Médard, 75005 Paris.
Telefon: 0033/1/43 36 93 84.
Öffnungszeiten: Dienstag bis Sonntag, 11–19 Uhr
Teeausschank ab 13 Uhr (Reservierung empfohlen)

Vom Kaffeehaus zur »Tea-time« – England

Alles sah danach aus, als ob Kaffee in England reüssieren würde. Die Engländer gehörten, als Kaffee nach Europa kam, zu den frühesten Verehrern, ja sie waren zu Beginn des 17. Jahrhunderts die größten Kaffeekonsumenten. Überall eröffneten Kaffeehäuser, die die Chance boten, eine Kultur rund um die Bohne zu etablieren. Es waren möglicherweise Teefanatiker, die die Ansicht vertraten, dass Kaffee bei Männern zur Sterilität führen würde. Wie dem auch sei, es sollte nicht lange dauern, da ging man zum Teetrinken ins Kaffeehaus, und es wurden Kaffeehäuser neu eröffnet, die sich ganz auf Tee spezialisierten. *That's british!*

In einer Anekdote wird berichtet, dass die ersten Teeblätter, die auf die Insel kamen, nicht in der Tasse, sondern als Spinat auf dem Teller landeten. Doch erst einmal auf den Geschmack gekommen, entwickelten die Briten eine Teekultur, deren Einfluss bis nach Indien und Ceylon reichte. Englands radikale Bekehrung zum Tee ist ein Rätsel. Nur viele kleine Mosaiksteinchen können dazu beitragen, das Phänomen zu entschlüsseln.

Doch zunächst: wie kam der Tee nach England? Mitte des 17. Jahrhunderts forderte Oliver Cromwell die aus England vertriebenen Juden auf, in ihre Heimat zurückzukehren. Viele waren im Exil in Amsterdam und brachten den Tee bei ihrer Rückkehr mit nach England. Die erste Zeitungsreklame ist zugleich auch die erste schriftliche Notiz, die uns auf den Verkauf von Tee hinweist. Am 23. September 1658 war im »*Mercurius Politicus*« zu lesen, dass Tee ein Getränk aus China sei, das von den Chinesen *Tcha* genannt werde und den Beifall der Ärzte habe. Es werde im *Sultan's Head*, einem Kaffeehaus in London, zum Verkauf angeboten. Auch die Heirat von König Karl II. mit der portugiesischen Prinzessin Catherina von Barganza im Jahre 1662 konnte der Tee als Erfolg verbuchen. Die Prinzessin brachte als Teil ihrer Mitgift eine Kiste chinesischen Tee mit nach England und führte ihre aristokratischen Freunde in die Kunst des Teetrinkens ein. Das neue Getränk war in aller Munde, und jedermann wollte einmal kosten. Wieder fanden sich Ärzte, die die medizinischen Eigenschaften des Tees rühmten. Das überzeugte vor allem die Frauen, sodass sie ihren Männern die fröhlichen Portweinrunden strichen und ihnen stattdessen Tee servieren ließen.

Auch in England wurde zunächst Grüner Tee getrunken. Um dem Getränk zu einer satten Farbe zu verhelfen, wurden die Blätter mit Grünspan und Preußischblau eingefärbt. Für eine kurze Zeit galt Tee als Auslöser für Nervenkrankheiten, was seinen Absatz ins Stocken brachte, doch konnte diese Irritation schnell überwunden werden.

Ebenso wie die Gewürze aus fernen Ländern war auch der Tee zunächst ein absoluter Luxusartikel. Am 31. Dezember 1600 erhielt die *East India Company* ihre Gründungsurkunde von Königin Elisabeth I. überreicht. Zunächst war der Handel mit den grünen Blättern fest in holländischer Hand. Doch als es der »Company« selbst gelang, den lukrativen Teehandel mit China in großem Stil zu betreiben, stieg die Exportmenge steil an. Erreichten im Jahre 1644 nur einhundert exklusive Pfund Tee die Insel, waren es um 1700 bereits fünfzig Tonnen, die Englands stromlinienförmige Segelschiffe, die man heute noch am Ufer der Themse besichtigen kann, ins Land brachten. Das weckte Begehrlichkeiten. Zu Beginn des 18. Jahrhunderts hatten die Tee-Importe eine solche Größenordung erreicht, dass es lohnend erschien, Steuern auf Tee zu erheben. Englands Teetrinker

⁙ Zur Teatime werden verschiedene Gebäcksorten gereicht, eine schottische Spezialität ist das Shortbread

NÄCHSTE DOPPELSEITE
⁙ Mit Bergamotte wurden in China manche Tees aromatisiert, damit sie beim Transport nicht den muffigen Schiffsgeschmack annahmen. In England erhielten diese Tees den Namen Earl Grey

⁙ Die Pfefferminze entstand im 18. Jahrhundert in England wahrscheinlich aus einer Wildkreuzung

Cedrato Bergamotto

METHOD OF MAKING "CAPER" TEA.

sahen sich gezwungen, auf Schmuggelware auszuweichen, wollten sie nicht ihren Tee zu den Konditionen der »Company« und der Steuerbehörde trinken.

Der Teehandel mit China gestaltete sich für den englischen Monopolisten nicht wie gewünscht. Das Reich der Mitte beschränkte den Handel mit Ausländern auf die Hafenstadt Kanton. China schottete sich im 18. Jahrhundert immer mehr gegenüber Europa und im Besonderen gegen England ab. Außer Rohstoffen wie Kupfer, Silber oder Gold fand sich kein Exportschlager, der für das wirtschaftlich autonome China von Interesse gewesen wäre. England verfügte nicht über die Silbervorräte, um die in der Heimat gewünschten Teemengen einkaufen zu können. Da ersann die *East India Company* einen teuflischen Plan. Sie ließ Opium in Indien anpflanzen und schmuggelte es nach China. Man ließ sich das Opium in Silber bezahlen und tauschte Silber gegen Tee. China wurde mit Opium aus englischer Herstellung geradezu überschwemmt. Dies führte zu einer Verelendung großer Teile der Bevölkerung. Als der chinesische Kaiser daraufhin englische Opium-Vorratslager in Kanton beschlagnahmen und Vorratsschiffe in Brand stecken ließ, war dies der Auftakt zum zweijährigen »Opiumkrieg«, aus dem England als Sieger hervorging. China musste Hongkong an England abtreten.

Bis in die 30er Jahre des 19. Jahrhunderts kontrollierte die *East India Company* den gesamten Asienhandel und damit den Teehandel mit China. Doch die Probleme nahmen zu. Die »Company« verlor ihr Handelsmonopol, und die liberalen Vorstellungen des Freihandels begannen sich durchzusetzen. Tee war mit einhundertfünfzig Tonnen pro Jahr zum wichtigsten Importgut geworden, und unabhängige Kaufleute wie die *British Merchant Community* wollten an diesem Markt teilhaben. Jeder, der mochte und über die nötigen Mittel verfügte, konnte nun in den Teehandel einsteigen. Parallel zu dieser Entwicklung wurde der Tee billiger, und mit jeder Preissenkung stieg die Zahl der Konsumenten.

In England änderte dies nichts. Tee wurde weiterhin die Themse hinaufgeschifft und in den Lagerhäusern gestapelt, ehe die Ware von Maklern versteigert und in den umliegenden Fabriken verpackt wurde. Für die ganz billigen Teesorten der ärmeren Bevölkerungsschichten wurde der Tee mit Eichenblättern gestreckt. China war das einzige Ausfuhrland für Tee, und das Verhältnis von England zum Reich der Mitte war äußerst angespannt. Da entstand die Idee, Tee in Indien anzubauen. Der Generalgouverneur von Kalkutta, Lord William Bentik, setzte im Jahre 1834 ein Komitee ein, das die Möglichkeit untersuchte, Tee in Assam anzubauen. Um diesen Plan zu verfolgen, schickte Lord Bentik seinen Sekretär Georg Gorden nach China und ließ ihn dort Teesamen besorgen. Diese chinesischen Samen wurden in Assam und Südindien angepflanzt, fast gleichzeitig wurden die wilden Assam-Teepflanzen entdeckt. Rasch fiel die Entscheidung, auch wegen des Niedergangs der *East India Company*, Tee für die Heimat selbst zu produzieren; die *Assam-Company* war geboren.

Die Anlage einer Teeplantage, ihre Pflege, die Ernte und die Teeherstellung mussten mühsam erlernt werden und waren von Rückschlägen begleitet. Die Ernten der ersten Jahre fielen bescheiden aus. Noch spielte Tee aus Assam in England keine Rolle, doch die Teeplantagen auf dem indischen Kontinent wuchsen kontinuierlich. Im Jahre 1867 wurde auch mit der Rodung und dem Teeanbau in Ceylon begonnen. Und als es den Engländern schließlich gelang, den in der Heimat beliebteren Schwarzen Tee selbst herzustellen, entwickelten sie sich allmählich zum bedeutenden Teeproduzenten. Der Botaniker und Industriespion Robert Fortune durchstreifte als Chinese verkleidet das Kaiserreich und dokumentierte alle notwendigen Arbeitsschritte zur Herstellung von Schwarzem Tee. Dies brachte ihm Ruhm und Ehre und einen Orden des Britischen Empires ein. China blieb trotzdem weiterhin der wichtigste Tee-Exporteur, doch die neuen Anbaugebiete holten auf.

⁙ Der britische Botaniker Robert Fortune erkundete die chinesische Teeherstellung, um eine eigene englische Teeproduktion möglich zu machen

⁙ Der britische Maler James Durden beschreibt die Freuden einer sommerlichen Teatime

Etwa 500 000 Tonnen Tee hatte ein Segler geladen. Wenn er Anfang Juni die Reise von China nach England antrat, konnte er Anfang Oktober London erreicht haben. Es wurden Rennen veranstaltet, wer die neue Ernte zuerst in London anlandete. Je kürzer die Zeit auf See, desto höher die Prämie für Kapitän und Mannschaft. Mit zunehmendem technischem Fortschritt und dem Bau des Suezkanals wurden die Transportzeiten kürzer, und der Tee erreichte England immer frischer.

Gleichzeitig mit Entstehung und Ausweitung der kolonialen Teeindustrie in Assam und Ceylon stieg der Teeverbrauch in England. War der Besuch eines Kaffeehauses Anfangs noch reine Männersache gewesen, so fand das gesellige Teetrinken nun auch in Teegärten statt, wo sich in der zweiten Hälfte des 19. Jahrhunderts immer mehr Gesellschaftsschichten eine Tasse Tee leisten konnten. Der Tee wurde unmerklich zum Nationalgetränk und war aus dem Alltag nicht mehr wegzudenken. Dienstboten hatten sogar Anspruch auf ein eigenes »Teegeld«. Woher die Affinität der Engländer zum Tee letztlich herrührt, ist nicht eindeutig zu beantworten. Tee war im wahrsten Sinne des Wortes in aller Munde. Dass man Tee frühzeitig beworben hat und das Getränk ein ständiges Thema in den Zeitungen war, hat sicher seine Verbreitung gesteigert.

Auch im 20. Jahrhundert setzte sich der Siegeszug des Tees in England fort. Winston Churchill brachte es auf den Punkt, als er feststellte, Tee sei für die Soldaten wichtiger als Waffen. Die Bevölkerung hat das Teetrinken zu einer Lebensart stilisiert. Sechs Tassen trinkt der Brite jeden Tag und wird mit diesem Quantum weltweit nur noch von den Iren übertroffen. *Teatime* oder der *Five o'clock tea* gehören heute zwar nicht mehr zu den unumstößlichen Gesetzen für die Menschen auf der Insel. Zu rasant ist das Tempo der globalen Weltwirtschaft geworden. Doch immer noch bestimmt der Teegenuss zu einem nicht unerheblichen Teil das Leben der Briten.

Es gibt verschiedene Erklärungsversuche, warum die Engländer von Kaffeetrinkern zu überzeugten Teetrinkern geworden sind. Sie sind allesamt letztlich unbefriedigend. Die radikale Ausschließlichkeit, mit der diese Nation den Tee ins Zentrum ihrer Tradition und Kultur rückt, ist ein einmaliges Phänomen.

ENGLISCHER TEEKUCHEN

200 G BUTTER
150 G ZUCKER
1 PRISE SALZ
4 EIER
250 G MEHL
1 PÄCKCHEN BACKPULVER
1-2 EL RUM
1 TL ZITRONENSAFT
300 G TROCKENFRÜCHTE UND NÜSSE
(Z.B. ROSINEN, ZITRONAT, ORANGEAT, APRIKOSEN, HASELNÜSSE ODER MANDELN)

Die Butter schaumig schlagen und langsam Zucker, Salz, Zitronensaft und abgeriebene Zitronenschale unterrühren. Nach und nach die Eigelbe und den Rum dazugeben.

Mehl mit Backpulver vermischen und zur Buttermasse geben. Nun werden die Trockenfrüchte und die Nüsse grob gehackt und mit dem Teig vermischt. Zum Schluss das geschlagene Eiweiß vorsichtig unterheben.

Eine längliche Kuchenform gut einfetten und mit Mehl bestreuen, die Masse einfüllen und etwa 45 Minuten bei 175 Grad backen.

DIE *Boston Tea Party* UND DIE AMERIKANISCHE UNABHÄNGIGKEIT

Am 16. Dezember 1773 wurde in der nordamerikanischen Stadt Boston alles andere als ein rauschendes Fest gefeiert. *Tea Party* nannten zwar die Briten, was sich an jenem Tag im Hafen abspielte. Doch dahinter steckte ein handfester Konflikt: Drei Handelsschiffe der *East India Company* wurden von amerikanischen Patrioten geentert. Ihre Ladung – 342 Kisten Tee – landete im Hafenbecken. Die Rebellen hatten sich als Indianer verkleidet, um etwaige Vergeltungsmaßnahmen der Briten auf die Ureinwohner zu lenken.

Es war eine politisch motivierte Aktion, um gegen den vom englischen Parlament beschlossenen Teezoll zu protestieren. Der Tee war zwar trotzdem billiger als vorher, doch nicht der finanzielle Aspekt erboste die Amerikaner, sondern die politische Haltung der britischen Krone.

Dem Konflikt voraus ging ein lang anhaltender Streit zwischen den nordamerikanischen Kolonien und Großbritannien um die Festlegung von Steuern auf Importe. Britannien hatte versucht, die Kosten, die die Kolonien verursachten, durch Einfuhrzölle wieder hereinzuholen, musste aber sämtliche Abgaben wieder zurücknehmen. Nur an einer äußerst geringen Steuer auf Tee wurde festgehalten und dies weniger aus finanziellen Gründen, als um das Recht des Parlaments auf Steuererhebungen in den Kolonien zu unterstreichen. *No taxation without representation* (»Keine Steuern ohne Parlamentssitz«), war dagegen der Slogan der amerikanischen Patrioten und Siedler, die ihre Interessen im britischen Parlament nicht genügend vertreten sahen.

Nachdem sich die Verwaltung von Boston weigerte, die Kosten für die vernichtete Teeladung zu übernehmen, reagierte die britische Krone und sperrte den Hafen. Der Konflikt zwischen England und seinen amerikanischen Kolonien schwelte weiter. Drei Jahre später begann der amerikanische Unabhängigkeitskrieg.

Deutschland

Aus der Apotheke in den Teesalon Je nach Region gönnte man sich Mitte des 17. Jahrhunderts in Deutschland einen Schoppen Wein, einen Krug Most oder eine Biersuppe, wenn man seinen Durst mit etwas anderem als Wasser stillen wollte oder konnte. Der Adel nippte hier und da am Mocca, – der etwa gleichzeitig mit dem Tee Europa erreicht hatte –, aber das teure, braune Getränk blieb in den Salons der feinen Gesellschaft. Die Folgen des Dreißigjährigen Krieges machten dem Land zu schaffen. Als sich die Stimmung allmählich aufzuhellen begann und in der Umgebung der Fürstenhöfe Handel und Gewerbe wieder Tritt fassten, kam der erste Grüne Tee aus China als Medizin in die Apotheken. Von Nordhausen über Liegnitz bis Ulm finden sich in alten Apotheken Aufzeichnungen über die Ankunft von *Herba thea*.

Von Holland kam Mitte des 17. Jahrhunderts der erste Tee nach Deutschland, und ebenfalls von dort kam sein lebhaftester Befürworter, der niederländische Arzt Dr. Cornelis Dekker (1647–1685) alias Dr. Bonekoe. Nachdem er Medizin in seiner Heimat studiert hatte, praktizierte er in Hamburg, ehe er als Leibarzt des preußischen Kurfürsten Friedrich Wilhelm nach Berlin zog. Cornelis Dekker stand unter dem Verdacht, im Auftrag der niederländischen Ostindien Kompanie die Werbetrommel für den Tee in Deutschland zu rühren. Ein Vorwurf, der nie ganz ausgeräumt wurde. Für ihn war mit dem Tee ein wahres Allheilmittel entdeckt worden. Seine Aufsätze »*Tractat van het excellenste kruyt thee*« und »*Gebruik en misbruik van de thee*« sind lange Aufzählungen aller Anwendungsgebiete des chinesischen Krauts. So vertrat er die Ansicht, Tee sorge für eine gute Mundflora (japanische Wissenschaftler erbrachten im 20. Jahrhundert den Beweis). Er wirke günstig in Magen und Darm, sowie im Blut und aufs Gehirn. Er würde gegen Trunksucht wie gegen Skorbut und Fieber helfen. Und ein Teebad sei einem Wasserbad immer vorzuziehen.

Die »Boston Tea Party«, Illustration von 1846

Dr. Bonekoe linderte nicht nur die Gichtbeschwerden seines Kurfürsten mit Tee, selbst für Menschen, die bereits mit einem Fuß im Grabe standen, machte er Hoffnung auf Genesung, wenn sie nur genug Tee tränken. Als ausreichenden Teekonsum empfahl Dr. Dekker fünfzig (!) Tassen pro Tag, um wieder zu Kräften zu kommen. Ab zweihundert Tassen täglich galt es Maß zu halten. Als Cornelis Dekker im Alter von 38 Jahren starb (er fiel eine Treppe hinunter), hatte er dem Tee in Deutschland den Weg bereitet. Die deutschen Männer wahrten dennoch dem chinesischen Kraut gegenüber anfangs eine kritische Distanz. Anders verhielt sich die Damenwelt. In Amaranthes' »Frauenzimmer-Lexikon« von 1715 wird beschrieben, dass der aus China kommende Tee in siedendes Wasser geworfen und von dem »Frauenzimmer zur Gesundheit getrunken« wurde.

⁙ »Abwarten und Tee trinken«, riet ursprünglich der Arzt seinen Patienten, denen er Tee veordnet hatte

Der Adel fand Gefallen an »Chinoiserien« und baute Teehäuser in seine Parks, ohne sich allzu sehr um die Ähnlichkeit mit den Vorbildern zu kümmern. Man kreierte seinen eigenen chinesischen Stil und fand alles reizvoll, was exotisch wirkte. Auch Friedrich der Große ließ ein Teehaus im Park von Schloss Sanssouci bauen. Dies hinderte den Alten Fritz nicht, als die Teegeschäfte nicht zu seiner Zufriedenheit verliefen, das »Drachengift aus China« zu schmähen. Ende des 18. Jahrhunderts hatte sich der Tee in der feinen Gesellschaft, in literarischen Kreisen und an den Residenzen des Adels durchgesetzt. Die »Morgensupp« wurde gestrichen und durch ein Tässchen Tee ersetzt. Als es im Jahre 1709 in Meißen gelang, das begehrte Porzellan herzustellen, das bisher nur aus China importiert wurde, bot es sich an, Tee in die Tassen der wunderschönen neuen Service zu gießen. Um die siebzig verschiedene Teesorten waren Ende des 18. Jahrhunderts in Deutschland im Angebot. Der Tee kam direkt aus China und wurde in Hamburg und Bremen angelandet. Da blieb es nicht mehr nur beim Tee am Morgen, die Teegesellschaft am Nachmittag entstand, und der Teepunsch am Abend bot bald auch einen angenehmen Zeitvertreib. In der »Übersicht der ausländischen Colonial-Waaren« von 1812 heißt es, dass »auch in Teutschland der Thee ein Lieblings- und Modegetränk der vornehmeren Welt geworden ist, und in dieser der elegante Theetisch den nun veralteten Coffeetisch fast ganz verdrängt hat.«

MISSBRAUCH DES THEEAUFGUSSES

Obwohl der Tee von vielen Seiten gelobt wurde, hatte er es doch nicht so leicht, dem Apothekenschrank zu entkommen. Ein Buch über Heilpflanzen aus dem 18. Jahrhundert warnt:
»Aber der unmäßige, oder zu oft wiederholte Gebrauch des Theegetränks ist sehr schädlich. Denn durch das warme Wasser und den riechenden Stoff werden die Fasern des Magens und des ganzen Körpers erschlappt; die kraftvolle Einwirkung der festen Theile in die flüssigen ermattet, die Blutmasse wird mit wässerichten Theilen überladen, und widernatürlich verdünnt, durch den ausgepressten Schweis gehen eine Menge guter Stoffe verlohren, wodurch die Nervenkraft ausserordentlich geschwächt wird. Endlich ist die Wärme den Zähnen nachtheilig; sie werden davon zerbrechlich, schwarz und angefressen.«

JOSEPH JACOB PLENCK: ICONES PLANTARUM MEDICINALIUM SECUNDUM SYSTEMA LINNAEI DIGESTARUM

Tee – hier ein Schluck und da ein Schluck

Innerhalb von rund einhundertfünfzig Jahren war das chinesische Kraut aus der Apotheke zu einem Getränk geworden, das fest im gesellschaftlichen Alltag integriert war und das jeden Anlass angemessen begleiten konnte. Heinrich Heines Gedicht »Der Theetisch«, entstanden auf der Terrasse der berühmten Berliner Konditorei Stehley, porträtiert den Tee trinkenden deutschen Biedermeier-Zirkel.

Sie saßen und tranken am Theetisch,
Und sprachen von Liebe viel.
Die Herren, die waren ästhetisch,
Die Damen von zartem Gefühl.

Die Liebe muß seyn platonisch,
Der dürre Hofrat sprach.
Die Hofräthin lächelt ironisch,
Und dennoch seufzet sie: Ach!

Der Domherr öffnet den Mund weit:
Die Liebe sei nicht zu roh,
Sie schadet sonst der Gesundheit.
Das Fräulein lispelt: wie so?

Die Gräfin spricht wehmüthig:
Die Liebe ist eine Passion!
Und präsentieret gütig
Die Tasse dem Herren Baron.

Am Tische war noch ein Plätzchen;
Mein Liebchen, da hast du gefehlt.
Du hättest so hübsch, mein Schätzchen,
Von deiner Liebe erzählt.

⁙ Als es in Europa gelang, Porzellan herzustellen, imitierte man zunächst chinesische Muster. So entstand um 1725 das Zwiebelmuster

Auch im Hause Goethes lud man zum Tee, und wie fast alles, was sich dort zutrug, sind auch diese Teegesellschaften gut dokumentiert. So gab es Teeabende mit August Wilhelm von Schlegel, es wird von gelehrten Teeabenden berichtet, bei denen Stücke in verteilten Rollen gelesen wurden, und Christiane von Goethe wollte beim Gesang der Nachtigall »einen Tee geben«. Genauestens berichtete Goethes Chronist Johann Peter Eckermann in seinem Tagebuch vom 14. Oktober 1823: »Diesen Abend war ich bei Goethe das erste Mal zu einem großen Tee...
Die Gesellschaft gefiel mir, es war alles so frei und ungezwungen, man stand, man saß, man scherzte, man lachte. Goethe ging bald zu diesem und bald zu jenem und schien immer lieber zu hören und seine Gäste reden zu lassen, als selber viel zu sagen. Frau von Goethe kam oft und hängte und schmiegte sich an ihn und küsste ihn.«

Tee war in Deutschland angekommen. Die literarischen Teesalons, die Rahel Varnhagen (1771–1833) veranstaltete, erlangten eine gewisse Berühmtheit, und auf den Gemälden der Maler des 19. Jahrhunderts wurde die bürgerliche Teegesellschaft zum Motiv. Auch im Roman und in Erzählungen fanden sich immer mehr Teeszenen. Inzwischen trank man Schwarzen Tee aus Englands Kolonien. Tee war erschwinglicher geworden, aber dies machte ihn noch lange nicht zum Getränk für Jedermann. Zwar nahm der Handel ständig zu und war durchaus von wirtschaftlicher Bedeutung, dennoch erreichte der Tee nie eine Popularität wie in England.
Wahrheit oder Anekdote? Troja wäre noch von Schutt und Asche bedeckt, hätte nicht Heinrich Schliemann sein im Teehandel erlangtes Vermögen für die Ausgrabungen von Troja verwendet.
Durch den Jugendstil mit seiner Hinwendung zur japanischen Lebensart und Ästhetik erwachte um 1900 ein neues Interesse für Tee und Porzellan. Dies blieb jedoch auf einen kleinen Kreis beschränkt.
Auch der Tanztee oder »Fünf-Uhr-Tee«, den die großen Hotels mit Beginn des 20. Jahrhunderts zu veranstalten begannen und der vereinzelt bis in die 60er Jahre überlebte, war durchaus exklusiv. Schon allein der Nachmittag als Zeitpunkt des Vergnügens begrenzte sein Publikum.
Thomas Mann vermittelt in »Meerfahrt mit Don Quichote« eine Ahnung der Atmosphäre: »Um die Teestunde und nach dem Dinner sitzen wir meist im blauen Salon bei der Musik...Gemeinhin – man kann wohl sagen ‚gemeinhin' – erklingen die gezuckerten, in ehrgeizigen Fällen den Puccini nachahmenden Teepiècen...Man sitzt in der leise schwankenden Eleganz des Gesellschaftsraumes im Smoking in seinem Fauteuil am vergoldeten Tischchen, trinkt seinen Tee, raucht seine Zigaretten.«

Heute sind die deutschen Teetrinker ein gut erforschtes Völkchen, um dessen Gunst die Teeindustrie buhlt. Berlin hat über einhundert Teehandlungen, und ein Blick ins Internet verweist auf unzählige Anbieter. Die Statistik lehrt uns, dass wir etwa 26 Liter Tee pro Jahr trinken, der zu fast fünfzig Prozent aus Indien und Sri Lanka stammt. Über 40 000 Tonnen Tee werden pro Jahr nach Deutschland importiert. Doch nur gut die Hälfte davon genießen Deutschlands Teefreunde. Der Rest wird weiterverarbeitet und nach England, Russland und nach Amerika exportiert.

Ostfriesland – die deutsche Teelandschaft

»Eine Tasse Tee mit zwei Stück Torf«, so sagt man, trinke der Ostfriese seinen Tee. Mit Witzen von ähnlicher Qualität werden die Menschen dieser Region seit einigen Jahren traktiert. Doch jeder noch so schlechte Witz birgt ein Körnchen Wahrheit. Der moorige und torfhaltige Boden Ostfrieslands bedingte eine minderwertige Wasserqualität. Hinzu kam häufig Brackwasser durch die Küstennähe. Das Wasser im Nordwesten Deutschlands hatte also einen eigentümlichen Geschmack, und vielleicht war es nur in Form von starkem Tee überhaupt genießbar. Tatsache ist: die Einwohner von Ostfriesland sind Deutschlands Weltmeister im Teetrinken. Ihr Teeverbrauch liegt bei zweieinhalb Kilogramm pro Person und Jahr, damit übertreffen sie alle anderen deutschen »Stämme« um das Zehnfache! Denn im übrigen Land begnügt man sich im Schnitt mit zweihundertfünfzig Gramm Tee pro Person und Jahr.

Wann Ostfriesland den Tee zu seinem Nationalgetränk erhob, lässt sich nicht mehr genau sagen. Zunächst jedenfalls – so will es die Legende – war der Tee in Ostfriesland ein Tellergericht. Ein Hamburger Segler strandete im Jahre 1694 zwischen Langeoog und Baltrum auf einer Sandbank. Zum Strandgut, das die Fischer nach Hause schleppten, soll auch eine Kiste Tee gehört haben. Das Beutegut, so heißt es, wurde von den Friesen für getrocknetes Gemüse gehalten und mit Speck zu Suppe verkocht.

Doch es war wohl in Wahrheit die Nähe zu Holland, dem erfolgreichen Tee-Exporteur des 17. Jahrhunderts, die den hohen Teekonsum verursachte. Friesland war vorübergehend niederländische Provinz, und viele Seeleute standen im Dienst der »niederländischen Ostindien Kompanie«. Als Friedrich der Große um 1750 nach dem Vorbild der niederländischen und englischen Ostindien Kompanien eine »Königlich Preußische Asiatische Handelskompanie« ins Leben rief und zur Unterzeichnung des Gründungsdokuments extra nach Emden reiste, wurde Ostfrieslands stille Hauptstadt zum preußischen Teezentrum. Friedrich erkannte die wirtschaftliche Bedeutung des Teehandels, und so wurde am 6. Juli 1753 eine halbe Million Pfund Tee aus Chinas Handelsmetropole Kanton vom Klipper mit Namen »König von Preußen« im Hafen von Emden gelöscht. Im Laufe der Zeit gewannen die Häfen von Hamburg, Lübeck und Bremen an Wichtigkeit, und Ostfriesland fiel aus wirtschaftlicher Sicht zurück, doch der Tee hatte Fuß gefasst und ging in Emden an Land.

»Friesische Gemütlichkeit hält stets ein Kopje Tee bereit«, ist heute noch das traditionelle Motto im Land zwischen Weser und Ems. Tee wird zu jeder Tageszeit getrunken. In der Frühe nach dem Aufstehen, gegen 11 Uhr beim *Elführtje*, um 15 Uhr zur *Teetied* und natürlich auch vor dem Schlafengehen. Getrunken wird »Ostfriesische Teemischung«, was sonst. Sie besteht in der Regel aus dreiviertel Assam Second Flush und einem milderen Java- oder Ceylon-Tee. Der Tee wird stark aufgebrüht, man rechnet einen Teelöffel pro Tasse und *one for the pot*, »einen für die Kanne«, nach englischer Manier. Man verwendet Kandiszucker (*Kluntje*), den man zuerst in die Tasse gibt. Der ostfriesische Teekenner liebt das Knistern, das entsteht, wenn der Tee darauf gegossen wird. Zu guter Letzt wird das Ganze mit einer Schicht süßer Sahne (einem *Wulkje Room*) bedeckt. Der Geschmack ist äußerst kräftig und verändert sich mit der Menge an Kandiszucker, die sich schon in der Tasse aufgelöst hat.

⁙ Wenn der Kandis im heißen Tee knistert, verbreitet sich ostfriesische Gemütlichkeit

Zum Schluss soll noch einmal Heinrich Heine zu Wort kommen, der nach einem Besuch auf Norderney im Jahre 1826 die Ostfriesen und ihre Gewohnheiten pointiert charakterisierte: »…mitten in der duftigen Heimat des Frühlings sehnen sie sich wieder zurück nach ihrer Sandinsel, nach ihren kleinen Hütten, nach dem flackernden Herde, wo die Ihrigen, wohlverwahrt in wollenen Jacken, herumkauern und einen Tee trinken, der sich von gekochtem Seewasser nur durch den Namen unterscheidet.«

EIN »ÄSTHETISCHER TEE« DES 19. JAHRHUNDERTS AUS DER SICHT DES TEUFELS

In Wilhelm Hauffs (1802–1827) » Mitteilungen aus den Memoiren des Satan« führt ein moderner und gewitzter Teufel den etwas altmodischen Ewigen Juden in eine Teegesellschaft ein, wie sie im 19. Jahrhundert modern waren:

»Höre meinen Vorschlag. Ich versehe dich mit einem anständigen Anzug und du stellst dafür meinen Hofmeister vor; auf diese Art können wir leicht Zutritt in Häusern bekommen und wie wollte ich dir's vergelten, wenn uns dein Dichter in einen ästhetischen Tee einführte.«

»Ästhetischer Tee, was ist denn das? in China habe ich manches Maß Tee geschluckt, Blumentee, Kaisertee, Mandarinentee, sogar Kamillentee, aber ästhetischer Tee war nie dabei.

»O sancta simplicitas! Jude, wie weit bist du zurück in der Kultur; weißt du denn nicht, dass dies Gesellschaften sind, wo man über Teeblätter und einige schöne Ideen genugsam warmes Wasser gießt und den Leuten damit aufwartet? Zucker und Rum tut jeder nach Belieben dazu und man amüsiert sich dort trefflich.«

»Habe ich je so etwas gehört, so will ich Hans heißen«, versicherte der Jude, »und was kostet es, wenn man's sehen darf?«

»Kosten? nichts kostet es, als dass man der Frau vom Haus die Hand küsst, und wenn ihre Töchter singen oder mimische Vorstellungen geben, hie und da ein ›wundervoll‹ oder ›göttlich‹ schlüpfen lässt.« (…)

»Du darfst,« sagte ich ihm, »in einem ästhetischen Tee eher zerstreut und tiefdenkend als vorlaut erscheinen; du darfst nichts ganz unbedingt loben, sondern sehe immer so aus, als habest du sonst noch etwas in petto, das viel zu weise für ein sterbliches Ohr wäre. Das Beifalllächeln hochweiser Befriedigung ist schwer, und kann erst nach langer Übung vor dem Spiegel völlig erlernt werden; man hat aber Surrogate dafür, mit welchen man etwas sehr loben und bitter tadeln kann, ohne es entfernt gelesen zu haben (…)

Die Leser werden gesehen haben, dass es ein ganz eleganter Tee war, zu welchem uns der Dichter geführt hatte; die massive silberne Teemaschine, an welcher die jüngere Tochter Tee bereitete, die prachtvollen Lüsters und Spiegel, die brennenden Farben der Teppiche und Tapeten, die künstlichen Blumen in den zierlichsten Vasen, endlich die Gesellschaft selbst, die in vollem Kostüm, schwarz und weiß gemischt war, ließen auf den Stand und guten Ton der Hausfrau schließen.

Der Tee wies sich aber auch als ästhetisch aus; gnädige Frau bedauerte, dass wir nicht früher gekommen seien; der junge Dichter Frühauf habe einige Dutzend Stanzen aus einem Heldengedicht vorgelesen, so innig, so schwebend, mit so viel Musik in den Schlussreimen, daß man in langer Zeit nichts Erfreulicheres gehört habe; es stehe zu erwarten, dass es allgemein Furore in Deutschland machen werde.

NÄCHSTE DOPPELSEITE

⌘ Tee aus Erdbeerblättern wurde lange Zeit als Ersatz für den teuren Schwarztee verwendet

⌘ Brombeerblättertee ist ein beliebtes Hausmittel und hat heilende Wirkung

EINHEIMISCHER ERSATZ FÜR DEN TEUREN TEE

Im 19. Jahrhundert ist der Tee ein begehrtes Handelsgut geworden. Besorgt um ihre Handelsbilanz versuchen die europäischen Länder, dem chinesischen Monopol zu entkommen. Es werden Versuche unternommen, Teesträucher in Europa heimisch zu machen, vor allem aber werden Ersatzgetränke vorgeschlagen, Surrogate, wie man damals sagt. Franz Just Bertuch, der Autor der »Übersicht der ausländischen Colonial-Waaren und ihrer inländischen Surrogate aus dem Pflanzen-Reiche« schreibt 1812 in Weimar: Nun ist die Frage: Hat Europa schon ein Surrogat für den Chinesischen Thee? und kann es überhaupt dergleichen haben? Beide Fragen können nur bedingt beantwortet werden. Betrachten wir den Thee als Gegenstand des Luxus und der Leckerei, so hat Europa durchaus kein Surrogat für den Chinesischen Thee, und die Zunge des wollüstelnden Theetrinkers, die unter den 17 bekannten Theesorten selbst große Abstufungen findet und schmeckt, und den Karawanen-Thee dem Seehandels-Thee weit vorzieht, wird sich eben so wenig entschließen, ihren theuern Karawanen-Thee gegen Citronen-Melisse, als der Weinkenner seinen ächten Champagner aus Patriotismus gegen moussirenden Schlüsselblumenwein, zu vertauschen. Von dieser Seite, und wenn vom Genusse die Rede ist, steht also gewiß keine Reforme in unsrer Sitte des Theetrinkens zu erwarten.

Betrachten wir aber das Theetrinken als ein Bedürfnis für viele Menschen, die weniger delikat, und gewohnt sind, ein Paar Tassen Thee mit Milch, an Statt des Coffee, zum Frühstücke zu trinken, so haben wir allerdings mehrere, auch schon in Teutschland häufig erprobte, und bereits bei vielen Leuten von der Mittel- und der geringsten Classe eingeführte Stellvertreter des Chinesichen Thees. Dahin gehöret z. B. 1) das Kraut der gemeinen Walderdbeere; 2) das Heidel- oder Spreißelsbeer-Laub; 3) die Blätter des Schwarzdorns; 4) die Citronen-Melisse; 5) der Ehrenpreis; 6) die Pfeffer-Münze; 7) die Schaafgarbe; 8) die Schlüsselblume u. a. m. Unter diesen Surrogaten soll vorzüglich das Kraut der gemeinen Walderdbeere im Geruche und Geschmacke dem Chinesischen Thee beinahe völlig gleich kommen. Die Blätter müssen zu diesem Endzwecke im Frühlinge, wenn sie noch jung und unentfaltet sind, gesammelt, anfänglich im Schatten, und wenn sie nur halb trocken sind, zwischen den den Händen gerollt under frisirt, und sodann bei der Ofenhitze auf reinen Blechtafeln vollends gedörrt werden. – Auch die jungen Heidelbeer- und Spreißelsbeer-Blätter, ebenso präpariert, sollen dem Chinesischen Thee an Geschmacke so ähnlich sein, daß sogar eine Kenner-Zunge dadurch getäuscht werden könne. (…)

So wissen wir gewiß von der Thee-Fabrication, daß die Chineser und Japaner jährlich 3Theeblätter-Ärndten haben, und daß die erste und zweite Ärndte den besten, die dritte aber, wo die Blätter des Theestrauchs schon alt geworden sind, den schlechtesten Thee, die verschieden Art aber, die Theeblätter beim Rösten und in der ganzen Fabrication zu behandeln, die verschiedenen Thee-Sorten, sowohl im Geschmacke als Güte und Preise, gebe. Sollte man diese Manier nicht auch bei unsern einheimschen Producten, z. B: bei dem Erd- Heidel- und Spreißels-Beer-Laub anwenden können? Ich glaube allerdings.

Aber wir brauchen nocht einmal bei diesen Surrogaten stehen zu bleiben; wir hätten Hoffnung, sogar auch den wirklichen Chinesischen Theestrauch in Europa einzuführen und bei uns einheimisch zu machen, wie dies schon mit mehreren Chinesischen Pflanzen geschehen ist. (…) Es steht sogar zu erwarten, daß der Theestrauch auch sogar im südlichen Teutschland vielleicht im Freien aushalten könne, wenn man sich Mühe giebt, ihn anzugewöhnen und zu vermehren. (…) Wirklich hat auch ein Theestrauch, sicheren Nachrichten zu Folge, den strengen Winter von 1784 in dem ehedem berühmten Garten zu Hohenheim bei Stuttgart im Freien überstanden.

S.18.
1.
2.
3.
4.
5.
6.
7.
8.
9.
10.
11.
1.b.
1.a.
II.b.

Kräutertee – Begleiter des Menschen

✕ War der Aufguss aus den Blättern der Blaubeere früher als Schwarztee-Ersatz geschätzt, so setzt man ihn heute vor allem gegen Durchfall ein

Seit ewigen Zeiten begleiten Kräuter das Leben der Menschen. Bereits in der Jungsteinzeit wurden den Gräbern der Toten Früchte, Samen und Kräuter für das Jenseits beigelegt. Das Wissen um die Wirkung von Kräutern ist so alt wie die Menschheitsgeschichte selbst. Lange ehe unsere Ahnen Ackerbau betrieben, sammelten sie Kräuter und Beeren und gingen zur Jagd. Mal aßen sie schmackhafte Pflanzen, mal bittere, mal linderten Kräuter ihre Beschwerden oder rumorten in ihren Gedärmen. »Versuch und Irrtum« stand auf dem Speisezettel.

Kräuter oder krautige Pflanzen, wie sie auch genannt werden (weil ihre Triebe nicht oder nur unwesentlich verholzen), wurden seit alters her wegen ihrer wohltuenden und heilenden Wirkung geschätzt. Seit unsere Vorfahren Feuer machen konnten und einen Topf hatten, um Wasser aufzusetzen, landeten Kräuter darin. Die Geburtsstunde des Kräutertees liegt also in grauer Vorzeit.

Die arabische Medizin

Ein »Par-force-Ritt« durch die Kinderstube der Kräutermedizin soll deutlich machen, dass Tee aus Blüten, Früchten, Kräutern, Rinden und Samen lange Zeit ausschließlich als Heilmittel verwendet wurde. Kräuter waren die Wald- und Wiesenmedizin. Archäologische Funde beweisen, dass in Mesopotamien (dem heutigen Irak) schon vor sechstausend Jahren Heilkräuter verwendet wurden. Seit es schriftliche Zeugnisse gibt, existieren Berichte über Kräuter. Die Sumerer ritzten ihr Wissen von der Heilkraft ihrer Kräuter in Tontafeln, die in den Ruinen von Nippur gefunden wurden. In Ägypten kamen Kräuter in mannigfacher Weise zum Einsatz. Schon vor fünftausend Jahren soll eine Schule für Kräuterkunde bestanden haben. Die Beschreibung von etwa siebenhundert Kräutern findet sich in »Papyrus Ebers«. Diese Aufzeichnung stammt aus dem sechzehnten Jahrhundert vor Christus und verdankt

ihren Namen dem Ägyptologen Georg Ebers. Er erwarb den Fund von Grabräubern im Jahre 1873 für das Leipziger Museum. Diese gut erhaltene Papyrusrolle stellt die größte Sammlung altägyptischen Medizinwissens dar. Es werden Heilmittel beschrieben, versehen mit Dosierungsangaben, die gegen Husten und Asthma oder gegen Darmerkrankung und Augenleiden verabreicht wurden. Die Pflanzennamen sind bekannt, doch leider gibt es keine Abbildungen der dazugehörenden Gewächse, sodass eine Entschlüsselung der Rezepte bisher nur in geringem Maße möglich war.
Der gute Ruf der ägyptischen Kräuterkunde sorgte dafür, dass auch in Griechenland die Heilkunde mit Kräutern ausgebaut wurde.

Von Griechenland nach Rom

Der bekannteste Arzt der griechischen Antike war Hippokrates (468–377 v. Chr.). Er gilt im europäischen Kulturkreis als der Vater der Medizin. Zwar ist nur ein geringer Teil der ihm zugeschriebenen Schriften von ihm selbst verfasst, doch brachte seine Idee von der Präventivmedizin einen gänzlich neuen Gedanken in die Heilkunst. Sein Hauptaugenmerk galt der Ernährung und dem Lebenswandel des Menschen. Religiöse und magische Erklärungsversuche für Krankheiten stellte er in Frage. Er begann, die Wirkung von Tinkturen und Säften aus Kräutern zu untersuchen, und schuf damit eine wissenschaftliche Grundlage für seine Nachfolger.
Nach und nach entstanden Theorien zu den menschlichen Organen, doch erfolgreicher für die Medizinentwicklung waren zunächst die Pflanzenstudien. Zwei Schriften von Theoprastos von Eresos (372–287 v. Chr.) »*De causis plantarum*« (»Untersuchungen über Pflanzen«) und »*De historia plantarum*« (»Die Herkunft der Pflanzen«) brachten ihrem Verfasser den Ruf, der Begründer der Phytotherapie zu sein. Die Phytotherapie oder Pflanzenheilkunde ist eines der ältesten Therapieverfahren überhaupt. Beschwerden und Krankheiten werden mit Hilfe von Pflanzenwirkstoffen behandelt. Dabei kommen die Pflanzen auf die verschiedenste Art und Weise zum Einsatz; sie werden als Frischpflanzen, als Extrakt und als Tee oder Salben verabreicht. Theoprastos hat, was er von Reisenden und Händlern über Kräuter und Pflanzen erfuhr, in seinen botanischen Darstellungen zusammengefasst.
Zu den großen Sammlern und Jägern von verstreutem Wissen gehörte Plinius der Ältere, der 23 nach Christus in Norditalien geboren wurde und im Jahr 79 beim Vesuvausbruch in Pompeji starb. Er fasste in seiner siebenunddreißigbändigen Enzyklopädie »*Naturalis historia*« zur Naturgeschichte und Kunst nach eigenem Bekunden zwanzigtausend Fakten aus zweihundert Büchern von einhundert Autoren zusammen. Die Sammlung widmet sich ausführlich dem medizinischen Wissen und den therapeutischen Eigenschaften von Pflanzen- und Tiersubstanzen. Wild wachsende und kultivierte Heilpflanzen werden aufgezählt und ohne eigene Prüfung mit Anwendungsmöglichkeiten versehen, die aus heutiger Sicht oft befremdlich erscheinen.
Das Standardwerk der Kräuterheilkunde verfasste Dioskurides, der berühmte Militärarzt aus Kleinasien. Seinem Werk »*De materia medica*« (»Über die Arzneien«) war eine lang anhaltende Wirkung beschieden. Bis ins 15. Jahrhundert galt er als unangefochtene Instanz, wenn es um die Kenntnis von Heilpflanzen ging.
Da das Heer von Nero zu Kriegszügen an den unterschiedlichsten Orten aufbrach, konnte Dioskurides als Militärarzt den ganzen Mittelmeerraum bereisen. Dabei lernte er Pflanzen und Heilverfahren in einem Umfang kennen wie kaum jemand zuvor. Seine fünf Bücher, die Ende des ersten Jahrhunderts unserer Zeitrechnung entstanden, beschreiben detailliert sechshundert Heilpflanzen, aus denen sich Kräutertee zubereiten lässt. »*De materia medica*« zählt zu den ersten naturwissenschaftlichen Schriften.

⁙ Schon der griechische Arzt Dioskurides empfahl Brennnesseltee zur Entwässerung

NÄCHSTE DOPPELSEITE
⁙ Kamillentee ist gesund und mit etwas Honig gesüßt ein Genuss an Wintertagen

298.
II
I
II

Schließlich soll Galen, der im 2. Jahrhundert nach Christus lebte, als weiterer bedeutender Arzt des Altertums nicht unerwähnt bleiben. Neben seinen anatomischen Experimenten besteht sein großer Verdienst im Sammeln von Wissen über die Pflanzenheilkunde.

Die Entwicklung einer wissenschaftlich fundierten Medizin und Kräuterheilkunde war eine Errungenschaft der griechischen und römischen Kultur. Für das Mittelalter und bis weit in die Neuzeit waren die antiken Forschungsergebnisse eine wichtige Handlungsrichtlinie. Die Leistung der römischen Ärzte und Philosophen liegt im Wesentlichen darin, dass sie die Erkenntnisse der antiken Heilkunst zu einem logisch durchdachten System zusammengefasst haben.

Das Mittelalter

Der Untergang des Römischen Reiches und die sich anschließende Völkerwanderung waren unruhige Zeiten und führten zu einer Phase des Stillstands in der Kräuterkunde. Doch die Ausbreitung des Christentums und die Christianisierung nördlich der Alpen brachten der Kräutermedizin neuen Aufschwung. Heil- und Kräuterpflanzen aus dem Mittelmeerraum wurden nach Norden verpflanzt und für den spirituellen und medizinischen Gebrauch in den Klostergärten kultiviert. Auf der Bodenseeinsel Reichenau erinnert noch heute ein Kräutergarten an den Mönch und späteren Abt Walahfried Strabo, der um das Jahr 800 seinen »*Hortulus*« verfasste, eine Sammlung der wichtigsten Heilpflanzen. Natürlich waren die Klöster in erster Linie darauf bedacht, mit dem Anbau von Kräutern für ihre eigenen Beschwerden vorzusorgen. Doch auch für die Menschen in ihrer Umgebung waren sie ein wichtiger Anziehungspunkt, wenn es um die Behandlung von Krankheiten ging. Aus historischer Sicht waren Klöster die Apotheken des Mittelalters. Sie verfügten über das Wissen aus ägyptischen, griechischen und römischen Quellen, das sie mit den praktischen Erfahrungen der Krankenpflege vereinten. Eine besondere Rolle nahmen dabei die Benediktinermönche ein, zu deren Ordensregeln der aufopferungsvolle Dienst am Kranken gehörte. Ihre Klöster wurden zu Zentren der Arzneipflanzenkultur.

Mit der Landgüterverordnung »*Capitulare de villis*« wurden zum ersten Mal Bestimmungen für die Gartengestaltung erlassen. Arznei- und Kräuterpflanzen, Gemüse, Obstbäume, Pflanzenfarbstoffe und Zierpflanzen wurden benannt, beschrieben und zum Anbau empfohlen. Ob die Verordnung aus dem Jahr 800 auf eine Initiative von Karl dem Großen oder von Ludwig dem Frommen zurückgeht, ist nicht sicher. Sie richtete sich an Gutsverwalter und Klöster, die Land als Lehen besaßen, und prägte so die gesamte Gartenbauwirtschaft. Die Landgüterverordnung zählt allein dreiundsiebzig Kräuter auf, die angepflanzt werden sollten. Dies führte dazu, dass sich im Laufe der Zeit ein Standard herausbildete, da überall das Gleiche angebaut wurde.

⁙ Weil er gegen Blähungen hilft und auch für Allergiker geeignet ist, gilt Fencheltee als der typische »Babytee«

Hildegard von Bingen

Bis zu diesem Zeitpunkt war von Kräutertee als Heiltee bei verschiedenen Beschwerden die Rede. Noch haben wir keine Nachrichten über ein Getränk, das zum schnöden Genuss zubereitet wurde. Leider lassen sich Kräuter- und Heiltee nicht per Definition klar unterscheiden. Denn in jedem Kräutertee sind Wirkstoffe, die den menschlichen Organismus beeinflussen. Kräutertee kann also ein Genusstee sein und zugleich als Heiltee wirken. Die Grenzen sind fließend.

Hildegard von Bingen war die Erste, die zwischen Getränk und Medizin unterschied. Sie empfahl kranken und gesunden Menschen, viel Fencheltee und übrigens auch Bier zu trinken. Sie vertrat die Ansicht, dass man beides in großen Mengen zu sich nehmen könne, ohne negative Folgen fürchten zu müssen.

Wer war diese Frau, die auch als Dichterin und Komponistin wirkte? Hildegard von Bingen wurde 1098 in Rheinfranken geboren und starb von Kirche und Kaiserreich anerkannt im Jahre 1179. Als achtjähriges Kind wurde sie zur klösterlichen Ausbildung an die Nonnengemeinschaft von Kloster Disibodenberg übergeben. 1136 wurde sie Äbtissin. Die Heilkunde, die sie als Nonne betrieb, war eine Mischung aus dem Kräuterwissen ihres Ordens, aus praktischer Erfahrung und aus religiösen Visionen. Hildegard begann früh, ihre durch »göttliche Schau« erlangten Erkenntnisse aufzuschreiben.
Ihre Fähigkeiten und religiösen Gaben – seit dem Jahr 1147 stand sie Kloster Rupertsberg bei Bingen vor – ließen ihre Wirkungsstätte zu einem religiösen und medizinischen Zentrum werden. Die Mystikerin verband Pflanzen, Tiere, Mineralien und Wasser zu einem eigenen Kosmos, der geprägt war von magischen und spirituellen Vorstellungen. 1150 verfasst sie mit »*Causae et Curae*« (»Ursachen und Heilungen«) eine Abhandlung über den kranken Menschen, die für die Naturheilkunde heute noch von Bedeutung ist. »*Causae et Curae*« ist eine mittelalterliche Welterklärung, in der der Kräutertrunk den Menschen im Alltag begleitet.

✕ Hagebuttentee lässt sich besonders gut selbst sammeln

Tee aus heimischen Kräutern – eine kleine Auswahl

Seit dem 12. Jahrhundert war der Kräutertee nicht mehr nur Heiltee, sondern auch Durststiller. Zwar bestand parallel noch die Gewohnheit, seinen Kräutertrunk mit Wein anzusetzen, aber Wasser holte auf. Uraltem Kräuterwissen verdanken wir wunderbare Teerezepte mit schwacher »Heilwirkung«. Da immer mehr Menschen heutzutage zu allergischen Reaktionen neigen, ist es trotzdem nicht ausgeschlossen, dass es zu Unverträglichkeiten kommen kann.

Fenchel- oder Brotsamentee Hildegard von Bingen empfahl ihn für Kranke und Gesunde gleichermaßen. Er macht froh und stärkt die Sehkraft, so ihre Ansicht. Vor allem dient er zur Regulierung der Verdauung. Manchen Eltern hat er schon geholfen, ihr Baby zu beruhigen, und nach einem frugalen Mahl übertrifft er jeden Schnaps. Der Geschmack ähnelt dem Lakritz und sorgt beim Kauen der ganzen Samen für reinen Atem. Das frische Kraut wird aufgebrüht und hat nach fünf Minuten sein volles Aroma. Die Samen müssen zerstoßen werden und vertragen eine Ziehdauer von über zehn Minuten.

Brombeer- und Erdbeerblättertee Natürlich geben die kleinsten Blätter, in der Mittagshitze gepflückt, den besten Tee. Frische wie getrocknete Blätter sind reich an Vitamin A und Mineralstoffen. Wenn man getrocknete oder frische Beeren mit zum Aufguss gibt, wird der Tee fruchtig intensiv. Frisch müssen die Blätter fünf und in getrocknetem Zustand zehn Minuten ziehen.

Brennnesseltee Die feine Küche verarbeitet die Brennnessel zu Suppe und Salat, als Tee fristet das Kraut jedoch ein Schattendasein. Dabei sind der leichte Nussgeschmack und das herbe Aroma ein Genuss. Der Tee ist reich an Gerb- und Bitterstoffen und wirkt entschlackend. Die frischen Blätter werden mit kaltem Wasser aufgesetzt und nach dem Aufkochen gleich getrunken. Verwendet man getrocknete Blätter, lässt man den Aufguss fünf Minuten ziehen und erhält einen kräftigen und dunklen Tee.

Hagebuttentee Ein Tee, den man selbst sammeln kann. Er schmeckt kalt und warm. Und wer jemals auf Klassenfahrt war oder in einer Jugendherberge übernachtet hat, erinnert sich an seine Farbe und seinen Geschmack. Wenn die Hagebutten nach dem ersten Frost geerntet werden, sind der Vitamingehalt und das Aroma am kräftigsten. Die Frucht wird aufgeschnitten, und die Kernchen werden entfernt. Die

haarigen Samen wurden früher von Kindern gerne als »Juckpulver« verwendet, was zu allergischen Reaktionen führen konnte. Die Frucht wird zerteilt und getrocknet; je nach Größe der Stücke beträgt die Ziehdauer um die zehn Minuten.

Kamillentee Die Kamille als Pflanze aus dem Mittelmeerraum war für unsere germanischen Vorfahren ein Geschenk von Gott Wotan. Geschmack und Aroma haben eine apfelartige Note. Nach Apfelpunsch schmeckt das heiße Getränk, und kalt getrunken verströmt die Kamille einen feinen Melonenduft. Doch der Duft weckt Assoziationen an das Krankenbett und wird daher nicht von jedermann geschätzt. Es sind die Umschläge, Bäder und Dämpfe, die den Tee zu Unrecht in Misskredit brachten. Dabei müsste gerade Kamillentee wegen seiner vielfachen Wirkung ein Schlager unter den Kräutertees sein. Er heilt Entzündungen, ist ein sanftes Beruhigungsmittel und vertreibt Morgenübelkeit und Kopfschmerzen. Die getrockneten Blüten werden für acht Minuten in kochendes Wasser zum Ziehen gegeben. Vorsicht: Kamillentee sollte nicht in die Augen gebracht werden, er kann dort zu unangenehmen Reizungen führen.

⁙ Salbeitee ist sicherlich eher ein Heil- als ein Genusstee, hilft aber mit etwas Honig gut gegen Atemwegserkrankungen

Lindenblütentee Dieser Tee ist ein uraltes Hausmittel und eignet sich gut zum selber pflücken. Seine schweißtreibende Wirkung macht ihn eher zu einem Wintergetränk, mit dem es gelingt, frühsommerliche Gefühle wachzurufen. Das Aroma ist von frischer, süßer Feinheit, seine Farbe ist hellgrün mit einem leichten Stich ins Rosa. Lindenblütentee enthält ätherische Öle, die die Körpertemperatur erhöhen, und Schleimstoffe, die hustenstillend wirken. Doch man würde dem Tee Unrecht tun, ihn nur wegen seiner medizinischen Vorzüge und nicht wegen seines Geschmacks zu trinken. Frische und getrocknete Blütenblätter werden kochend überbrüht und nach zehn Minuten abgeseiht. Mit Honig und ci nem Spritzer Zitronensaft wird er auch für Kinder zu einem geschätzten Getränk.

Pfefferminztee Nach der griechischen Mythologie wurde der Unterweltsgott Pluto von seiner Frau in den Armen der Nymphe Minthe ertappt. Aus Eifersucht und Zorn verwandelte die Ehefrau ihre Nebenbuhlerin in eine Pflanze. Selbst Pluto vermochte den Zauber nicht zu brechen, doch er verlieh dem Kraut, in Erinnerung an die schöne Nymphe, ein traumhaft frisches Aroma. Soweit die Legende. Praktisch dienten Minzeblätter während des Mittelalters als Streukraut und vertrieben durch ihren starken Duft üble Gerüche im Krankenzimmer. Das Katzenkraut, wie es auch heißt, wird vor allem wegen seiner hohen Konzentration an Menthol geschätzt. Es verbessert die Atmung und wirkt krampflösend auf den Magen-Darm-Trakt. Die frischen oder getrockneten Blätter werden mit kochendem Wasser übergossen und müssen zehn Minuten ziehen.
In Nordafrika und dem Mittleren Osten gehört Minzetee zu den beliebtesten Getränken. Für seine Zubereitung wird ein leichter Grüntee (etwa ein Gunpowdertee) aufgebrüht und stark gesüßt. Ein frischer Zweig der Naneminze *(Mentha viridis nana)*, einer arabischen Zwergminze, wird ins Glas gehängt und mit dem gezuckerten Tee übergossen.

Die vorteilhafte Wirkung von Kräutertees lässt sich erfahren, auch wenn sie nicht immer naturwissenschaftlich nachgewiesen werden kann. Sie sind Stimmungsaufheller, helfen beim Einschlafen und sorgen für Ordnung in Magen und Darm. Mit ihnen stillt man genussvoll seinen Durst, und das mit Kräutern, auf die man beim Spaziergang treffen kann.

Teekräuter-ABC

Es heißt, dass gegen alles ein Kraut gewachsen sei, doch um das Kraut in einen bekömmlichen Tee zu verwandeln, sollten einige Dinge berücksichtigt werden. Mit der richtigen Zubereitung beginnt der Teegenuss. Ein guter Tee sollte vor allem deutlich nach den Kräutern schmecken, aus denen er gewonnen wird, nur dann kann man seine Vorlieben Schluck um Schluck entdecken.

Selbst sammeln? Es ist ein großes Vergnügen und weckt immer wieder unseren Jagd- und Sammlerinstinkt, mit einem Korb oder einer Baumwolltasche bewaffnet Kräuter für den Tee zu sammeln. Doch Folgendes sollte man bedenken: Hat vielleicht der Fuchs samt Bandwurm bereits von den Beeren und ihren Blättern genascht? Wächst die Kamille ausgerechnet dort am Wegesrand so üppig, wo Hunde ihr Revier markieren? Steht das Teekraut etwa unter Naturschutz und bringt statt dem erhofften Genuss Ärger mit den Umweltbehörden? Auch schwankt die Konzentration der Inhaltsstoffe bei selbst gesuchten Kräutern zum Teil erheblich. Die Gefahr, die von Kunstdünger und Pestiziden ausgeht, ist unberechenbar. Diese Stoffe werden vom Wind über weite Entfernungen verweht und können den vermeintlich gesunden Tee zum Horrorcocktail werden lassen. Wenn sich die Bedenken zerstreuen lassen, kann das Sammeln beginnen. Manche Teekräuter sind mehr dafür geeignet als andere. Zu ihnen zählen zum Beispiel Lindenblüten, Hagebutten oder Holunder. Wer Kräuter sammeln geht, muss nicht früh aufstehen und kann bei Regen getrost zu Hause bleiben. Erst wenn die Sonne um die Mittagszeit die Pflanzen erwärmt hat, ist das volle Aroma in den Blättern. Auch die Berücksichtigung der Mondphasen soll den Wirkstoffgehalt in den Pflanzen steigern. Mit zunehmendem Mond nehmen der Aromagehalt und die Konzentration der ätherischen Öle in den Pflanzen zu. Nimmt der Mond ab, lässt auch der Wirkstoffgehalt nach.

Kräuter sammeln ist ein bisschen wie Pilze sammeln. Es ist eine Frage der Ehre, so viel Melisse stehen zu lassen, dass sich die Pflanze wieder erholen kann. Und wie bei Pilzen muss man absolut sicher sein, die Pflanze bestimmen zu können. Frische Teekräuter sehen ganz anders aus als die getrockneten Blätter in der Teedose!

Trocknen und Aufbewahren Ob aus Wald und Wiese, dem Garten oder vom Balkon, gleich nach der Ernte sollten Blätter und Blüten an einem gut belüfteten Ort zum Trocknen ausgelegt werden. Direkte Sonneneinstrahlung sollte man vermeiden. Ein Kopfkissenbezug gefüllt mit Kräutern, die in der Sonne immer wieder aufgeschüttelt werden, ist eine ideale »Trockenanlage« und verhindert die Schimmelbildung. Es ist empfehlenswert, die verschiedenen Sorten getrennt von einander zu trocknen, da es sonst leicht zu unbeabsichtigten Mischungen kommt. Um die Gefahr von Insektenbeimischungen zu vermeiden, müssen die Blätter vor dem Trocknen oder Aufbewahren gründlich abgesucht werden. Spätestens nach drei Wochen sollten die Teekräuter völlig getrocknet sein, sonst verlieren sie zu viele Inhaltsstoffe.
Kräutertee bewahrt man am besten in lichtgeschützten Behältnissen aus Blech oder braunem Glas auf. Die Haltbarkeit des Tees ist abhängig von den Lagerbedingungen. Man sollte sich bewusst machen, dass Kräuter ihre Inhalts- und Wirkstoffe kontinuierlich verlieren. Deshalb sollte kein Tee länger als zwei Jahre ein Schattendasein in der Dose fristen.

Wasserqualität und Dosierung Wie bei Grünem oder Schwarzem Tee gilt: Kräutertee ist nur so gut wie das Wasser, aus dem er gemacht wird. Man lässt das Wasser wallend kochen, damit sich Kalk und die lösbaren Mineralstoffe im Wassertopf absetzen. Gleichzeitig werden die getrockneten oder frischen Blätter für den Tee zerkleinert.
So werden sie ergiebiger und behalten mehr Wirkstoffe. Auch Samen, wie Fenchel oder Kümmel, sollten erst

× In Marokko trinkt man seinen Grüntee mit einem erfrischenden Zweig Minze im Glas

kurz vor dem Aufguss gemörsert werden, um möglichst wenig von ihrem Aroma zu verlieren.
Der Teelöffel gibt das Maß vor. Mit einem Löffel getrockneter Kräuter pro Tasse liegt man in der Regel richtig. Wenn Tee aus frischen Kräutern zubereitet wird, nimmt man die drei- bis vierfache Menge. Frische Blätter enthalten soviel Feuchtigkeit, dass sie deutlich höher dosiert werden müssen. Selbst in der richtigen Dosierung färben sie übrigens den Tee deutlich blasser als Trockenkräuter. Natürlich spielt der individuelle Geschmack, das Befinden oder die Tageszeit bei der Dosierung eine wichtige Rolle.

Die Ziehdauer Wie lange lässt man Kräutertee ziehen? Das ist eine Frage, die man nicht generell beantworten kann. Bei Grünem und Schwarzem Tee ist die Ziehzeit eng verknüpft mit dem gewünschten Koffeingehalt. Der Kräuterteetrinker dagegen strebt zu allererst nach dem perfekten Aroma. Er will die Illusion des in voller Blüte stehenden Lindenbaums in seiner Tasse haben oder beim Genuss eines Thymian- oder Rosmarintees an den Sommerspaziergang im sonnigen Süden erinnert werden.
Zu groß ist die Arten- und Sortenvielfalt, um für jeden Tee die exakte Ziehdauer vorzuschlagen. Versuch und Irrtum ist das einzig probate Mittel, um sie festzulegen. Doch natürlich gibt es eine Faustregel und Richtzeiten, an die man sich halten kann. Fünf Minuten sollten jedem Kräutertee gegönnt werden, um sein Aroma zu entfalten. Je gröber und holziger der getrocknete Tee ist, desto mehr Zeit braucht er, um seinen Geschmack an das Wasser abgeben zu können. Doch es ist wie immer: Keine Regel ohne Ausnahmen. Um Kräutertee so gut zu trinken, wie er nur sein kann, hilft nur ausprobieren und fragen. Teehandel und Apotheken sind oft wertvolle Berater und öffnen mit ihrem Wissen Türen in unbekannte Teewelten.

⁙ Hibiskus gibt Kräutertees eine fruchtig-saure Note und eine schöne rote Farbe

Kräutertees aus fernen Ländern

× Rotbuschtee hat eine schöne rötlich-braune Farbe, er enthält kein Coffein und ist damit zu jeder tages- und nachtzeit gut zu genießen

Nicht nur aus den Blättern des Teestrauchs wird Tee zubereitet. Rund um den Globus sind aus verschiedenen Pflanzen, Samen, Früchten und Rinden schmackhafte Getränke entstanden. Einige sind in der ganzen Welt bekannt, andere wurden zum Getränk eines Kontinents, und manche warten vielleicht noch darauf entdeckt zu werden.

China

Die traditionelle chinesische Medizin, die auf eine sechstausendjährige Geschichte zurückblicken kann, kultivierte schon früh Kräuter und Pflanzen. Wer jemals in das Innere einer chinesischen Apotheke geschaut hat, sei es durch das Auge einer Kamera oder gar selbst, wird diesen Anblick so schnell nicht wieder vergessen. Es lassen sich neben tierischen Produkten vor allem Pflanzen in jedem nur vorstellbaren Zustand finden. Getrocknet, gepresst, zerstoßen oder eingelegt, werden sie in den schönsten Behältnissen auf bewahrt.

Kräuter sind in China, im Gegensatz zur europäischen Tradition, Genuss-, Heil- und Nahrungsmittel in Einem. Ebenso ist alles, was Menschen zu sich nehmen, Medizin. Da der Einzelne im 21. Jahrhundert auch in China nicht mehr weiß, welche Substanzen dem Körper gut tun, bieten exklusive Restaurants einen besonderen Service. Ein Arzt berät den Gast, nachdem er dessen Puls getastet und seine Beschwerden beurteilt hat, bei der Auswahl von Speisen und Getränken. Ebenso wenig wie einen Grünen Tee gibt es *den* chinesischen Kräutertee. Meist handelt es sich um regionale und individuelle Zusammenstellungen. Doch wer hier zu Lande chinesischen Kräutertee selbst mischen will, stößt auf erhebliche Probleme. Viele Zutaten sind nicht verfügbar oder fallen unter das Arzneimittelgesetz, sodass man auf die wenigen angebotenen Fertigmischungen zurückgreifen muss. Nur Ingwer und Ginseng vermitteln einen Hauch von Chinas Kräutertees.

Auf Ingwer trifft man im gesamten südasiatischen Raum. Er wird auf die verschiedensten Arten zubereitet und verwendet. Nachgewiesenermaßen wärmt und stärkt er das Immunsystem. Für den Tee schält man ein drei bis fünf Zentimeter langes Ingwerstück, schneidet es in feine Streifen und übergießt es mit kochendem Wasser. Nach etwa fünf Minuten hat man den typischen, leicht scharfen Tee. Der geschnittene Ingwer kann immer wieder übergossen werden, bis die Wurzel ausgelaugt ist und sein Geschmack fade wird.

Ginseng ist Chinas Energiewurzel. Es heißt, dass Ginseng immer an der individuellen Schwachstelle des Organismus mit seiner Heilkraft ansetzt. Schon von daher eignet er sich für jedermann. Die Dosierung und Zubereitung von Ginseng-Tee ist abhängig von der Konzentration, in der die Wurzel angeboten wird, hier hilft nur die Anleitung (wenn sie nicht auf Chinesisch ist) weiter.

Südafrika

In den Cedarbergen Südafrikas wächst ein Tee mit vielen Namen. Er wird Redbush-, Redbos-, Buschmann-, Massai-, oder Koopmanns-Tee genannt.

Die Pflanze wird etwa einen Meter hoch, hat rutenartige Zweige mit dünnen, feinen Ästchen und gehört zur Familie der Hülsenfrüchtler. Von weitem erinnert sie an einen Ginsterstrauch. Der Strauch hat grüne, schmale, nadelförmige Blätter, die an Kiefernadeln denken lassen, sich aber sehr weich anfühlen. Das Aussehen der Blättchen in getrocknetem Zustand erinnert – auch wegen der Farbe – ein wenig an Safran. Seit wann die Pflanze zur Teeherstellung genutzt wird, ist nicht bekannt. Zu Beginn des 20. Jahrhunderts beobachtete ein russischer Teehändler namens Benjamin Ginsberg, wie die Bevölkerung aus den Blättern des Buschs Tee zubereitete. Ginsberg übernahm den Handel und die Vermarktung von Rotbusch-Tee in Südafrika und Europa.

Der ursprünglich wild wachsende Strauch wird heute auf Feldern und Plantagen kultiviert. Rotbusch wird in Südafrika nicht nur getrunken, sondern auch zum Kochen und Backen verwendet. Seine Inhaltsstoffe liefern wichtige Spurenelemente wie Zink, Eisen, Kalzium und Kalium, und da er kein Koffein enthält und Gerbstoffe nur in sehr geringem Maße, ist er gut verträglich und kann bedenkenlos den ganzen Tag über getrunken werden. Das fruchtig-leichte Aroma des Tees hat ihn zu einer gefragten Exportware werden lassen. Rotbusch-Tee hat Karriere gemacht, er steht in fast jedem Supermarktregal. Wie lässt sich sein Erfolg erklären, wie die große Zahl seiner Anhänger? Vielleicht ist es seine warme rote Farbe und sein milder und leichter Geschmack mit sanften, nicht irritierenden Aromen.

Mittel- und Südamerika

Die Welt der Inkas und Azteken versetzt uns immer wieder in ungläubiges Staunen. Beide Völker verfügten auch über ein hochkomplexes Wissen von Pflanzen und Kräutern und setzten sie auf mannigfache Weise ein. Selbst die Eroberer, die den Ureinwohnern vor allem mit Gier und wenig Respekt begegneten, waren beeindruckt von deren Heilungsfähigkeiten. Der spanische König Philipp II. sandte seinen Leibarzt Francisco Hernandes nach Südamerika, um alles an medizinischem Wissen aufzuzeichnen, was sich in Erfahrung bringen ließ. Sechs Jahre (1571–1577) bereiste der Arzt verschiedene Regionen und zeichnete und bestimmte mehr als zwölfhundert Pflanzen. Leider wurde ein Großteil dieser Zeugnisse ein Opfer der Flammen.

Ende des 16. Jahrhunderts berichtete ein spanischer Konquistador von einem aufmunternden Getränk der Indios. Es war Mate-Tee, der seit ewiger Zeit in Südamerika getrunken wurde. (Mate bezeichnet eigentlich das Trinkgefäß, einen Flaschenkürbis, aus dem der Tee traditionell mit Hilfe eines Trinkhalms

⁙ Ingwer ist eine wichtige Zutat chinesischer Kräutertees, er entspannt den Magen und verdünnt das Blut

NÄCHSTE DOPPELSEITE

⁙ Die Ginsengwurzel gilt den Chinesen als Allheilmittel, sie soll vor allem die Immunabwehr und den Kreislauf stärken

⁙ Der Lapachotee, aus Baumrinde gewonnen, wird auch Inka-Tee genannt

II
12
h
h
12
18
1
2
i
k
l
17
21
14
20
20
20
11
11
m
n
m
n
n
13
22
8
f
e
f
f
e
f
g
g
g
2
10
f
11
11
11
16
15
o
n
i

genossen wird.) Die Pflanze wurde ursprünglich *caiguá* genannt und galt als das grüne Gold der Indios. Der Mate-Strauch *(Ilex paraguayensis)* wächst wild als Unterholz in weiten Teilen Südamerikas. Der Mate-Baum hat eine oval zulaufende Krone und einen hellgrauen Stamm. Die immergrüne Pflanze wird seit dem 19. Jahrhundert in Kulturen angepflanzt, doch noch heute stammen fünfzig Prozent der Ernte von wild wachsenden Bäumen. Mate enthält viele Vitamine und wirkt anregend, zudem unterdrückt der Tee das Hungergefühl. Dieser Umstand half den Indios, Nahrungsknappheiten zu überstehen, und macht ihn heute zu einem beliebten Diätgetränk. Mate-Tee ist überall erhältlich, teilweise wird er als Mischung angeboten. Man sollte ihn jedoch zunächst pur verkosten. Ein Teelöffel wird mit kochendem Wasser übergossen und sollte mindestens fünf Minuten ziehen.

Mit klangvollen Namen wie » Schatz der Inkas« oder »Tee vom Baum des Lebens« wird ein zweiter südamerikanischer Tee beschrieben. Gemeint ist der Lapacho-Tee. Er wird aus der Rinde der Tabebuiabäume gewonnen, die in süd- und mittelamerikanischen Regenwäldern, aber auch in Indien bis zu siebenhundert Jahre alt werden können. Es ist einfacher aufzuzählen, gegen welche Beschwerden der Tee nicht eingesetzt werden kann, als umgekehrt. Lapacho-Tee hilft gegen jeden Infekt, lässt Wunden schneller heilen und kann Hauterkrankungen lindern. Der Tee soll das Wachstum von Tumoren hemmen und nützt gegen Asthma, Bronchitis und Magenbeschwerden. Auch wurden Erfolge bei der Diabetes-Behandlung erzielt. Er stärkt das Immunsystem und kann ohne bekannte Nebenwirkungen bedenkenlos zu jeder Zeit getrunken werden. Das Geheimnis des Tees liegt offenbar in der Kombination seiner Wirkstoffe. Er enthält Mineralstoffe sowie Kalium, Kalzium und Eisen. Seine antibiotische Wirkung rührt von den Naphtochinonverbindungen her, und die im Tee enthaltenen Tannine sorgen für eine optimale Wundheilung.

Doch wie kocht man diesen Tee, der übrigens im Badewasser für schöne Haut sorgt oder als Kompresse gegen Sonnenbrand und Fußpilz eingesetzt werden kann? In einen halben Liter Wasser wird nur ein Teelöffel Lapacho für fünf Minuten gekocht. Anschließend lässt man den Tee für weitere zehn Minuten ziehen. Dann werden die Rindenstücke vollständig abgeseiht, da der Lapacho sonst zu bitter wird. Schon die Wikinger sollen die begehrte Lapacho-Rinde gegen Edelsteine eingetauscht haben.

Ob Legende oder Wahrheit, wir trinken mit Kräuter- und Pflanzentee immer ein Stück uralte Geschichte von den weit entfernten Orten der Welt.

⁙ Der südamerikanische Mate-Tee wirkt belebend und erfrischend

BILDQUELLEN

Marquis, F.: Du thé ou nouveau traité sur sa culture, sa récolte, sa préparation et ses usages : ornées de gravures coloriées, faites d'après nature et d'après des peintures originales de la Chine, Paris 1820

Plenck, Joseph Jacob von: Icones Plantarum Medicinalium Secundum Systema Linnaei Digestarum: Cum Enumeratione Virium Et Usus Medici, Chirurgici Atque Diaetetici, Band V, Wien 1792

Buc'hoz, Pierre Joseph: Herbier colorié de l'Asie, representant les plantes les plus rares et les plus curieuses, qui se trouvent dans cette partie du monde ; pour servir à l'intelligence de l'Histoire générale. Paris 1783

Kaempfer, Engelbert: Amoenitatum exoticarum politico-physico-medicarum Fasciculi V, Lemgo o.J.

Fortune, Robert: Residence among the Chinese, London 1857
Ders.: Wanderungen in China, Leipzig 1854
Ders.: Yedo and Peking , London 1863

Alexander, William: Costumes of China (franz. Ausgabe), 1805

Kerner, Johann Simon von: Hortus semper virens, Stuttgart 1797

Knorr, Thesarus rei herbariae hortensisque universalis, Nürnberg 1772
Holunder

Weinmann, Johann Wilhelm: Eigentliche Darstellung einiger Tausend in allen vier Welt-Theilen gewachsener Bäume, Stauden, Kräuter, Blumen, Früchte und Schwämme ..., Augsburg 1735

BILDNACHWEIS

Photos: Finken & Bumiller, Stuttgart, außer: S. 29: Keiko, Shimodozono International GmbH, Diepholz; S. 74: James Durden, Summer in Cumberland (1925), Manchester City Art Galleries; S. 24 und S. 77: Corbis; S. 7: www.photocase.com; S. 38 und 41: www.aboutpixel.de

Wir danken allen Rechteinhabern für die freundliche Genehmigung zum Nachdruck. Trotz nachdrücklicher Bemühungen ist es uns nicht gelungen, alle Rechteinhaber zu ermitteln. Wir bitten daher um Verständnis, wenn wir gegebenenfalls erst nachträglich eine Abdruckhonorierung vornehmen können.

Autor und Verlag danken dem Fairhandelshaus Gepa, Wuppertal und der Teeimportfirma Shimodozono, Diepholz. Beide haben uns freundlicherweise Photos aus ihrer Teeproduktion zur Verfügung gestellt.
Besonderer Dank gilt ausserdem Herrn Dr. Zwink von der Abteilung Alte Drucke der Württembergischen Landesbibliothek für seine freundliche Unterstützung bei der Suche nach alten Abbildungen aus der Welt des Tees.